BECK · RYTER

Fälle und Lösungen zum Polizeigesetz Baden-Württemberg

Fälle und Lösungen zum Polizeigesetz Baden-Württemberg

für die Ausbildung in der Polizei

Hans Beck
ehemals Institut für Fortbildung, Böblingen

Carolin Ryter
Polizeipräsidium Konstanz

2., aktualisierte Auflage, 2019

BOORBERG

Bibliografische Information der Deutschen Nationalbibliothek | Die Deutsche Nationalbibliothek verzeichnet diese Publikation in der Deutschen Nationalbibliografie; detaillierte bibliografische Daten sind im Internet über www.dnb.de abrufbar.

2. Auflage, 2019
ISBN 978-3-415-06394-5

Titelfoto: © VRD – stock.adobe.com | Satz: Olaf Mangold Text & Typo, 70374 Stuttgart | Druck und Bindung: Laupp & Göbel GmbH, Robert-Bosch-Straße 42, 72810 Gomaringen

Richard Boorberg Verlag GmbH & Co KG | Scharrstraße 2 | 70563 Stuttgart
Stuttgart | München | Hannover | Berlin | Weimar | Dresden
www.boorberg.de

Vorwort zur 2. Auflage

Das Verwaltungsrecht – und das Polizeirecht ist ein Teil davon – gehört zu den schwierigsten Rechtsbereichen. Ohne Verständnis der Systematik des Verwaltungsrechts wird es schwerfallen, polizeilich relevante Sachverhalte des Alltags rechtlich auf die anzuwendenden Bestimmungen des Polizei- und Verwaltungsrechts zu übertragen.

Der Polizeivollzugsdienst, dem auch die Auszubildenden angehören, muss darüber hinaus sehr genau die (exklusiv nur dem Polizeivollzugsdienst vorbehaltenen) Maßnahmen des unmittelbaren Zwangs – bis hin zum Schusswaffengebrauch als ultima ratio – grundlegend beherrschen.

Die Vorgänge im Stuttgarter Schlossgarten im Zusammenhang mit dem Bau von S 21 führen die alleinige Verantwortung des Polizeivollzugsdiensts im Umgang mit unmittelbarem Zwang gegen Personen deutlich vor Augen.

In der 2. Auflage wurden die Sachverhalte aktualisiert und die Lösungen dem aktuellen Klausurschema angepasst.

Wir haben versucht, die Sachverhalte und Lösungen so anschaulich und transparent wie nur möglich darzustellen, zumal in der fächerübergreifenden Unterrichtung regelmäßig mit dieser Thematik begonnen wird. Das hat uns auch dazu bewogen, die Unterpunkte des aktuellen Lösungsschemas mit den entsprechenden Ziffern in die Lösung mitaufzunehmen, genauso die im Gesetz enthaltenen Tatbestandsvoraussetzungen, also die gesetzlichen „Merkmale".

Mit zunehmender Routine wird es sicherlich überflüssig werden, diese Überschriften auch in der Klausurbearbeitung zu platzieren. Anfänglich aber sind sie als „Navigation" unverzichtbar.

Wie immer heißt es auch bei diesem Werk: Übung macht den (Polizei)meister / die (Polizei)meisterin.

Wir wünschen den Leserinnen und Lesern einen größtmöglichen Erkenntnisgewinn beim Lesen der Lektüre, begleitet mit dem hoffentlich oftmaligen Gedankenblitz: „Jetzt habe ich es verstanden!"

Wie immer sind wir für Verbesserungsvorschläge, Anregungen, Kritik und Bewertungen dankbar.

Im Oktober 2018

Hans Beck
Carolin Ryter

Inhaltsverzeichnis

Abkürzungsverzeichnis

BAK	Blutalkoholkonzentration
BGB	Bürgerliches Gesetzbuch
BGH	Bundesgerichtshof
BPA	Bundespersonalausweis
BtMG	Betäubungsmittelgesetz
BVerfG	Bundesverfassungsgericht
BW	Baden-Württemberg
DGL	Dienstgruppenleiter
d. h.	das heißt
DS	Durchsuchung
DVO	Durchführungsverordnung
GG	Grundgesetz
ggf.	gegebenenfalls
H. d. k. G.	Hilfsmittel der körperlichen Gewalt
HS	Halbsatz
IdF	Identitätsfeststellung
i. S. d.	im Sinne des/der
i. V. m.	in Verbindung mit
JuSchG	Jugendschutzgesetz
JVA	Justizvollzugsanstalt
KrWG	Kreislaufwirtschaftsgesetz
KV	Körperverletzung
lit.	Buchstabe
LVwVfG	Verwaltungsverfahrensgesetz für Baden-Württemberg
LVwVG	Verwaltungsvollstreckungsgesetz für Baden-Württemberg
o. Ä.	oder Ähnliches
ö. S. o. O.	öffentliche Sicherheit oder Ordnung
PB	Polizeibehörde
PolG	Polizeigesetz
PsychKHG	Gesetz über Hilfen und Schutzmaßnahmen bei psychischen Krankheiten
PVD	Polizeivollzugsdienst

RSG	Reizstoffsprühgerät
StGB	Strafgesetzbuch
StPO	Strafprozessordnung
SV	Sachverhalt
SWG	Schusswaffengebrauch
TBV	Tatbestandsvoraussetzung
TV	Tatverdächtige
u. U.	unter Umständen
UZW	Unmittelbarer Zwang
VA	Verwaltungsakt
VGH	Verwaltungsgerichtshof
VHM	Verhältnismäßigkeit
VwGO	Verwaltungsgerichtsordnung
VwV	Verwaltungsvorschrift
z. B.	zum Beispiel
ZfP	Zentrum für Psychiatrie
z. N.	zum Nachteil
z. T.	zum Teil

1. Klausurschema „Allgemeines Polizeirecht"[1]

Schema zur Überprüfung der Rechtmäßigkeit von polizeilichrechtlichen Maßnahmen

1 Benennen der Rechtsgrundlage
(zu prüfende Rechtsgrundlage nur nennen)

2 Formelle Rechtmäßigkeit

2.1 Zuständigkeitsabgrenzung

- Polizeibehörde – PVD (§§ 59, 60 PolG)
- Besondere Zuständigkeitsregelungen (z.B. Art. 104 Abs. 2 GG i.V.m. § 28 Abs. 3 PolG oder Art. 13 Abs. 2 GG i.V.m. § 31 Abs. 5 PolG)

2.2 Örtliche Zuständigkeit (§§ 75, 76 PolG)

2.3 Erkennbarkeit

3 Materielle Rechtmäßigkeit

3.1 Tatbestandsvoraussetzungen und Rechtsfolge

3.2 Adressat

- Verhaltensstörer § 6 PolG
- Zustandsstörer § 7 PolG
- Unbeteiligte Personen § 9 PolG
- Besondere Adressatenregelung der Eingriffsnorm (z.B. § 20 Abs. 1 PolG)

3.3 Ermessensausübung § 3 PolG

- Rechtliche Schranken
- Pflichtgemäßes Ermessen (Entschließungs- und Auswahlermessen; Ermessensfehler)
- Erforderlichkeit

---

1 Es gibt für die Prüfung von praktischen Sachverhalten kein allgemein verbindliches Prüfungsschema. Dieses Schema stellt deshalb nur einen Anhalt für die Prüfung dar. Nicht jeder der hier aufgeführten Punkte muss in allen Sachverhalten geprüft werden. Jeder einzelne Punkt ist jedoch **sachverhaltsbezogen zu erläutern und zu begründen**.

3.4 Grundsatz der Verhältnismäßigkeit § 5 PolG
- Geeignetheit
- Erforderlichkeit (mildestes Mittel)
- Verhältnismäßigkeit im engeren Sinne (Angemessenheit)

3.5 Fristen und sonstige Bestimmungen
- Abhandlung ist abhängig von der zu prüfenden Einzelmaßnahme

4 Vollstreckung der Maßnahme

4.1 Liegt ein Verwaltungsakt (§ 35 LVwVfG) vor?
- Hoheitliche Maßnahme
- Behörde
- Gebiet des öffentlichen Rechts
- Einzelfallregelung
- Außenwirkung

4.2 Ist der Verwaltungsakt wirksam?
- § 43 Abs. 1 LVwVfG **Wirksamkeit**
- § 37 Abs. 2 LVwVfG **Formfreiheit**
- § 37 Abs. 1 LVwVfG **Bestimmtheit**
- § 41 Abs. 1 LVwVfG **Bekanntgabe**

4.3 Ist der Verwaltungsakt vollstreckbar?
- § 18 Abs. 1 LVwVG **Art und Weise der Vollstreckung**
- § 2 LVwVG **Vollstreckbarkeit**
- § 70 Abs. 1 VwGO **Widerspruch**
- § 80 Abs. 1 VwGO **Grundsatz: Rechsbehelfe haben aufschiebende Wirkung**
- § 80 Abs. 2 VwGO **Entfall aufschiebende Wirkung (für PVD insb. Nr. 2)**
- § 4 LVwVG **zuständige Vollstreckungsbehörde**
- § 20 Abs. 1 LVwVG **Androhung**
- § 21 LVwVG **Vollstreckung bei Gefahr im Verzug**
- § 10 Abs. 1 LVwVG **Niederschrift**

5. Auswahl des richtigen Zwangsmittels und dessen Rechtmäßigkeit

Liegt eine vertretbare Handlung vor?

- Zwangsgeld, Zwangshaft, Ersatzvornahme

Liegt eine unvertretbare Handlung vor?

- Unmittelbarer Zwang

5.1. Rechtmäßigkeit des angewandten Zwangsmittels

5.1.1 Ersatzvornahme

▶ § 25 LVwVG	**Begriff der Ersatzvornahme**
▶ § 19 LVwVG	**Zwangsmittel (Auswahl + VHM)**
▶ § 20 Abs. 1 LVwVG	**Androhung**
▶ § 21 LVwVG	**Vollstreckung bei Gefahr im Verzug**

5.1.2 Unmittelbarer Zwang

▶ § 49 Abs. 2 PolG	**PVD wendet UZW nach Vorschriften des PolG an**
▶ § 50 Abs. 1, 2 PolG i. V. m. VwV PolG	**Begriff und Mittel des UZW**
▶ § 51 PolG	**Zuständigkeit** (nur PVD)
▶ § 52 Abs. 1 S. 1 PolG	**polizeilicher Zweck erscheint auf andere Weise nicht erreichbar**
▶ § 52 Abs. 1 S. 2 PolG	**Sachvorrang**
▶ § 52 Abs. 1 S. 3 PolG	**besondere Verhältnismäßigkeit** (angewandtes Mittel muss nach Art und Maß dem Verhalten, Alter und Zustand des Betroffenen angemessen sein)
▶ VwV zu § 52 PolG	Rechtliche Voraussetzungen für **Fesselung** (sachverhaltsabhängig)
▶ § 52 Abs. 2 PolG i. V. m. VwV PolG	**Androhung** (soweit es die Umstände lassen; wenn Anwendung UZW nicht zulässig, dann auch Androhung unzulässig
▶ § 52 Abs. 3 PolG	**Übermaßverbot** (UZW beenden, wenn Zweck erreicht oder Zweck nicht erreichbar ist)
▶ VwV PolG zu § 52 Abs. 1 PolG	**Gefährdung Unbeteiligter** ist nach Möglichkeit zu vermeiden

Voraussetzungen des Schusswaffengebrauchs

▶ § 53 Abs. 1 S. 1 PolG	**Allg. Voraussetzung** für die Anwendung UZW liegen vor + einfache körperliche Gewalt, verfügbare H. d. k. G. und mitgeführte Hiebwaffen **erfolglos angewandt** oder nicht **erfolgversprechend**
▶ § 53 Abs. 1 S. 2 PolG i. V. m. VwV PolG	**Sachvorrang**
▶ § 53 Abs. 1 PolG i. V. m. VwV PolG	**Androhung** (grundsätzlich durch „Anruf"; Warnschuss möglich) **Einschränkung** SWG bei Kindern, gebrechlichen und hilflosen Personen
▶ § 53 Abs. 2 PolG	SWG unzulässig, wenn **Unbeteiligte** mit hoher Wahrscheinlichkeit gefährdet (Ausnahme: SWG einziges Mittel zur Abwehr einer gegenwärtigen Lebensgefahr)

Schusswaffengebrauch gegen Personen

- § 54 Abs. 1 Nr. 1 PolG – **Gefahrenabwehr**
  - Liegt eine **rechtswidrige Tat** vor, die sich **nach den Umständen** als ein **Verbrechen** oder ein „**qualifiziertes Vergehen**" darstellt?
  - Wird durch den SWG die **unmittelbar bevorstehende Ausführung** oder **Fortsetzung** dieser rechtswidrigen Tat **verhindert**?
- § 54 Abs. 1 Nr. 2 PolG – **Strafverfolgung**
  - Versucht sich die Person der Festnahme oder Feststellung ihrer Person durch Flucht zu entziehen?
  - Ist die Person…
    - … auf **frischer Tat betroffen** worden und stellt sich diese rechtswidrige Tat nach **den Umständen** als ein **Verbrechen** oder ein „**qualifiziertes Vergehen**" dar?
    - … oder eines **Verbrechens dringend** verdächtig?
    - … oder eines **Vergehens dringend verdächtig** und gibt es Anhaltspunkte dafür, dass die Person von einer **Schusswaffe** oder **Sprengstoff Gebrauch** machen wird?
- § 54 Abs. 1 Nr. 3 PolG – **Fluchtvereitelung/Wiederergreifung**
  - Befindet oder befand sich die Person im **amtlichen Gewahrsam** gem. § 54 Abs. 1 Nr. 3 lit. a–e PolG und soll durch den SWG die **Flucht vereitelt** oder die **Wiederergreifung** ermöglicht werden?

- § 54 Abs. 4 Nr. 4 PolG – **Gewaltsame Gefangenenbefreiung**
  - Mit **Gewalt** wird versucht,
    - einen **Gefangenen** oder
    - eine **Person**, gegen die die **Sicherungsverwahrung** (§§ 66, 66b StGB) oder **Unterbringung** (§§ 63, 64 StGB oder §§ 126, 126a StPO) angeordnet ist.
  - aus dem **amtlichen Gewahrsam** zu **befreien**
- **§ 54 Abs. 2 PolG i.V.m. VwV PolG – Finaler Rettungsschuss**
  - SWG ist **einziges Mittel** zur **Abwehr** einer **gegenwärtigen**
    - **Lebensgefahr**
    - Gefahr einer **schwerwiegenden** Verletzung der **körperlichen Unversehrtheit**

Abschließende Prüfung der Verhältnismäßigkeit nach SWG gem. § 5 PolG

6. Unmittelbare Ausführung einer Maßnahme

- Es darf kein vollstreckbarer Verwaltungsakt („Grundverfügung") vorliegen:
  1. Prüfung der formellen und materiellen Rechtmäßigkeit der jeweiligen Eingriffsmaßnahme aus dem PolG (z.B. §§ 1, 3 oder §§ 26ff. PolG).
  2. Prüfung der besonderen Voraussetzungen des § 8 Abs. 1 S. 1 PolG
     - Polizeilicher Zweck ist nicht oder nicht rechtzeitig durch Maßnahmen gegen die in §§ 6, 7 PolG bezeichneten Personen erreichbar.
  3. Sonstige Bestimmungen aus § 8 Abs. 1 PolG
     - Benachrichtigungspflicht gem. § 8 Abs. 1 S. 2 PolG

2. Klausuren für den Basiskurs

Fall 1
Generalermächtigung – § 1 Abs. 1 Satz 1 i. V. m. § 3 PolG

Sachverhalt:

Es ist Samstagnacht im August gegen 23.00 Uhr. Sie fahren mit Ihrem Kollegen im Revierbereich Streife, als Sie den Auftrag erhalten, an die Fahrradbrücke in Konstanz zu fahren. Dort sollen sich am Fußweg zur Brücke mehrere Jugendliche aufhalten und Flaschen auf den Boden geworfen haben (Anmerkung: Dies stellt eine Ordnungswidrigkeit dar).

Als Sie an der Örtlichkeit eintreffen, stellen Sie Ihren Streifenwagen in einiger Entfernung ab und begeben sich zu Fuß zu der Fahrradbrücke über den Rhein.

Sie können drei Jugendliche, alle im Alter von 16 bzw. 17 Jahren, daran hindern zu fliehen.

Auf dem Boden liegen die Scherben mehrerer zerbrochener Glasflaschen. Sie stellen die Personalien der drei Jugendlichen fest und weisen sie an, die Scherben aufzusammeln und in den dortigen Mülleimer zu werfen.

Aufgabe:
Erläutern und begründen Sie sachverhaltsbezogen die materielle Rechtmäßigkeit der Anweisung an die Jugendlichen, die Scherben zu beseitigen. Gehen Sie hierbei nur auf die Tatbestandsvoraussetzungen und die Rechtsfolge ein.

Lösungsmöglichkeit:

3. Materielle Rechtmäßigkeit

3.1 Prüfung Tatbestandsvoraussetzungen und Rechtsfolge

▶ **Einzelner**
Ein Einzelner ist jede natürliche Person von der Geburt bis zum Tod.

Einzelne sind in diesem Sachverhalt die Personen, die unter Umständen durch die Scherben in Gefahr geraten bzw. einen Schaden erleiden könnten. Es gibt also mehrere Einzelne.

▶ Gefahr

Eine Gefahr ist die objektive, nicht entfernte Möglichkeit eines Schadenseintritts.

Hier könnte eine **konkret drohende Gefahr** vorliegen. Konkret drohend ist eine Gefahr dann, wenn ein Schadenseintritt nach allgemeiner Lebenserfahrung aufgrund objektiver Tatsachen mit großer Wahrscheinlichkeit in nächster Zeit zu erwarten ist.

Durch die Scherben auf dem Boden vor der Fahrradbrücke kommt es zu Gefahren für Fußgänger. Die Scherben könnten die Schuhe dieser Personen oder Gegenstände, die dort abgestellt werden, beschädigen. Viele Fahrradfahrer befahren den Fußweg, um auf die Brücke zu fahren. Durch die Scherben könnten die Reifen beschädigt werden. Außerdem kann es zu Verletzungen bei den Personen kommen, vor allem bei dünnem Schuhwerk. Da es laut Sachverhalt Samstagnacht (im Sommer) ist, kann man davon ausgehen, dass der Fußweg zur Fahrradbrücke auch tatsächlich von Personen, die ihren Abend in der Altstadt verbringen, benutzt wird.

▶ Störung

Eine Störung liegt vor, wenn ein Schaden eingetreten ist.

Laut Sachverhalt ist das Zerschlagen der Flaschen eine Ordnungswidrigkeit, was einen Verstoß gegen die Rechtsordnung darstellt. Somit liegt ein ideeller Schaden vor. Es liegt also eine Störung vor.

▶ Öffentliche Sicherheit

Die öffentliche Sicherheit umfasst die geschriebenen Rechtsnormen und die Individualrechtsgüter (z.B. Gesundheit und Eigentum).

Laut Sachverhalt liegt hier eine Ordnungswidrigkeit vor. Es wurde also geschriebenes Recht verletzt. Außerdem sind Gesundheit bzw. Eigentum der Benutzer des Fußweges gefährdet. Die Öffentliche Sicherheit ist also bedroht und bereits gestört.

▶ Öffentliches Interesse

Öffentliches Interesse liegt in der Regel dann vor, wenn die öffentliche Sicherheit betroffen ist.

Dies ist hier der Fall: Regelfall 1, Verletzung einer Rechtsnorm. Öffentliches Interesse ist gegeben.

Ergebnis:

Die Jugendlichen müssen unserer Aufforderung Folge leisten und die Scherben aufheben.

Merke:
Gibt es eine spezielle Ermächtigungsgrundlage, so hat diese Vorrang vor der allgemeinen Ermächtigungsgrundlage. Es gilt daher folgende **Abstufung**:
- Spezialermächtigungen außerhalb des PolG
- Spezialermächtigung innerhalb des PolG
- Generalermächtigung

Hinweis:
Bei Maßnahmen nach § 1 Abs. 1 Satz 1 i. V. m. § 3 PolG reicht es aus, wenn eine Gefahr und/oder Störung vorliegt. Gleiches gilt für Einzelner und/oder Gemeinwesen. Es muss nur die vorliegende Tatbestandsvoraussetzung definiert und subsumiert werden.

Fall 2
Generalermächtigung – § 1 Abs. 1 Satz 1 i. V. m. § 3 PolG

Sachverhalt:

Sie befinden sich am Vatertag gegen 20.45 Uhr mit Ihrem Kollegen POM Bär auf Streifenfahrt im Stadtgebiet von Ravensburg.

Vor der Kneipe „Hau Wech" fällt Ihnen eine männliche Person auf, die offensichtlich betrunken vom Biergarten in Richtung eines dort geparkten Pkw torkelt.

Sie wenden Ihr Dienstfahrzeug, und als Sie auf den Parkplatz der Kneipe einbiegen, sehen Sie, wie der Mann bereits in dem Pkw sitzt und gerade im Begriff ist, sich anzuschnallen. Die Fahrertür ist noch immer geöffnet.

Als Sie und Ihr Kollege POM Bär den Pkw erreichen, versucht der völlig betrunkene Mann immer noch vergeblich, die Gurtzunge in das Gurtschloss zu stecken. Den Pkw-Schlüssel hat er bereits in das Zündschloss gesteckt, der Motor läuft und die Handbremse hat er ebenfalls schon gelöst.

Nach Ihrer Einschätzung ist der Mann aufgrund seiner Alkoholisierung nicht geeignet, ein Kraftfahrzeug im Straßenverkehr zu führen.

Daraufhin ziehen Sie den Zündschlüssel aus dem Schloss, sichern das Fahrzeug vor dem Wegrollen und untersagen dem Mann die Fahrt.

Aufgabe:
Erläutern und begründen Sie sachverhaltsbezogen, ob die Untersagung der Fahrt materiell rechtmäßig war. Gehen Sie hierbei nur auf die Tatbestandsvoraussetzungen und die Rechtsfolge ein.

Lösungsmöglichkeit:

3. Materielle Rechtmäßigkeit

3.1 Prüfung Tatbestandsvoraussetzungen und Rechtsfolge

Im vorliegenden Sachverhalt könnte eine Aufgabe für die Polizei gemäß § 1 Abs. 1 Satz 1 PolG vorliegen.

▶ **Einzelner**
Einzelner ist jede natürliche Person von der Geburt bis zum Tod.

Die Personen, die die gleiche Straße befahren bzw. in unmittelbarer Zukunft befahren werden, sind wie der Kneipengast Einzelne in diesem Sinne. Es gibt also mehrere Einzelne.

▶ **Konkret drohende erhebliche Gefahr**

Eine Gefahr ist die objektive, nicht entfernte Möglichkeit eines Schadenseintritts.

Hier könnte eine konkret drohende Gefahr vorliegen. Konkret drohend ist eine Gefahr dann, wenn ein Schadenseintritt nach allgemeiner Lebenserfahrung aufgrund objektiver Tatsachen mit großer Wahrscheinlichkeit in nächster Zeit zu erwarten ist.

▶ **Erhebliche Gefahr**

Bei der erheblichen Gefahr wird ein bedeutsames Rechtsgut bedroht oder die Erheblichkeit ergibt sich aus Umfang oder Intensität des zu erwartenden Schadens.

Ein Unfall ist aufgrund des deutlich torkelnden Autofahrers mit großer Wahrscheinlichkeit in nächster Zeit zu erwarten. Bei Unfällen mit Pkw ergeben sich regelmäßig größere Sachschäden, außerdem ist das bedeutsame Rechtsgut Gesundheit, ggf. das Leben des betrunkenen Mannes und anderer bedroht. Daher liegt hier eine konkret drohende erhebliche Gefahr vor.

▶ **Störung**

Eine Störung liegt vor, wenn ein Schaden eingetreten ist.

Laut Sachverhalt liegen hier zureichende tatsächliche Anhaltspunkte für eine unmittelbar bevorstehende Straftat nach § 316 StGB vor. Dies wäre eine Rechtsgutverletzung. Rechtsgutverletzungen stellen einen ideellen Schaden dar. Es liegt also eine Störung vor.

▶ **Öffentliche Sicherheit**

Die öffentliche Sicherheit umfasst die geschriebenen Rechtsnormen und die Individualrechtsgüter (z. B. Gesundheit und Eigentum).

Wie bereits erwähnt, steht laut Sachverhalt eine Straftat unmittelbar vor der Verwirklichung. Eine Straftat verstößt gegen Rechtsnormen, die öffentliche Sicherheit wird hier also gestört. Durch einen Unfall würden die Individualrechtsgüter Leben, Gesundheit bzw. Eigentum sowie die Allgemeinrechtsgüter Sicherheit und Leichtigkeit des Verkehrs betroffen. Die öffentliche Sicherheit ist hier also auch gefährdet.

▶ **Öffentliches Interesse**

Öffentliches Interesse liegt in der Regel dann vor, wenn die öffentliche Sicherheit betroffen ist.

Die öffentliche Sicherheit wird im vorliegenden SV gefährdet und durch eine Straftat betroffen. Es liegt also öffentliches Interesse vor (Regelfall 1).

Ergebnis:

Die Beamten dürfen die Weiterfahrt untersagen. Der Mann muss sich der Anordnung fügen.

Fall 3
Formelle Rechtmäßigkeit – Grundzuständigkeit – § 60 Abs. 1 PolG

Sachverhalt:

An einem Montagmorgen wird gegen einen seine Frau verprügelnden Ehemann durch die Ortspolizeibehörde der Stadt Böblingen ein Wohnungsverweis gem. § 27a Abs. 3 PolG für die Dauer von einer Woche ausgesprochen.

Aufgabe:
Erläutern und begründen Sie sachverhaltsbezogen die formelle Rechtmäßigkeit! Gehen Sie hierbei nur auf die Zuständigkeitsabgrenzung ein.

Lösungsmöglichkeit:

2. Formelle Rechtmäßigkeit

2.1 Zuständigkeitsabgrenzung

▶ Gemäß § 59 PolG umfasst die Organisation der Polizei die Polizeibehörden und den PVD.

Die Ortspolizeibehörde ist, wie ihre Bezeichnung schon deutlich macht, Polizeibehörde, somit auch Polizei im Sinne des § 59 PolG.

▶ Nach § 60 Abs. 1, 1. HS PolG sind für die Wahrnehmung der polizeilichen Aufgaben grundsätzlich die Polizeibehörden zuständig.

Hier ist an einem Montagmorgen die Zuständigkeit der Ortspolizeibehörde der Stadt Böblingen gegeben, da grundsätzlich die Polizeibehörde nach § 60 Abs. 1, 1. HS PolG für Maßnahmen nach § 27a Abs. 3 PolG zuständig ist.

Ergebnis:

Hier ist die Ortspolizeibehörde der Stadt Böblingen zuständig.

Hinweis:
Durch diese generelle Zuständigkeitsvermutung aus § 60 Abs. 1, 1. HS und § 66 Abs. 2 PolG wird der Ortspolizeibehörde eine gewisse Vorrangstellung eingeräumt. Dies bedeutet, dass vom Grundsatz her zunächst immer die Polizeibehörden für die Wahrnehmung der polizeilichen Aufgaben zuständig sind („sog. Primat der Behörde").

Fall 4
Formelle Rechtmäßigkeit – Eilzuständigkeit – § 60 Abs. 2 PolG

Sachverhalt:

Am Wochenende wird einem seine Frau verprügelnden Ehemann von zwei Beamten des Polizeireviers Böblingen ein Wohnungsverweis bis Montagmorgen ausgesprochen, weil die Behörde nicht erreichbar ist.

Aufgabe:
Erläutern und begründen Sie sachverhaltsbezogen die formelle Rechtmäßigkeit! Gehen Sie hierbei nur auf die Zuständigkeitsabgrenzung ein.

Lösungsvorschlag:

2. Formelle Rechtmäßigkeit

2.1 Zuständigkeitsabgrenzung

► Gem. § 59 PolG umfasst die Organisation der Polizei die Polizeibehörden und den PVD.

Die beiden Beamten sind Angehörige des PVD, somit auch Polizei.

► Nach § 60 Abs. 1, 1. HS PolG sind für die Wahrnehmung der polizeilichen Aufgaben grundsätzlich die Polizeibehörden zuständig.

Doch da diese am Wochenende nicht mehr zu erreichen sind, sondern erst wieder am Montag, Eile jedoch geboten ist, da ein Abwarten zu weiteren Körperverletzungshandlungen führen kann, muss der PVD gemäß seiner Eilzuständigkeit nach § 60 Abs. 2 PolG handeln.
Die zwei Streifenbeamten des Polizeireviers Böblingen gehören dem PVD an.

► Aufgrund § 74 Abs. 2 PolG ist der PVD dazu verpflichtet, die Polizeibehörde über den Vorfall zu unterrichten.

Ergebnis:

Der Wohnungsverweis durch die zwei Polizeibeamten war rechtmäßig.

Hinweis:
Diese Vorschrift beruht auf dem Gedanken, dass polizeiliches Handeln in keinem Fall an Kompetenzschwierigkeiten scheitern darf.

Merke:
Die Merkmale für „sofortiges Tätigwerden" i. S. des § 60 Abs. 2 PolG sind aus einem Urteil des VGH Baden-Württemberg entwickelt worden. So hat der VGH in seinem Urteil vom 14.12.1989 festgestellt, „dass ein sofortiges Einschreiten des PVD zur Verhinderung eines drohenden Schadens dann zulässig ist, wenn ein Abwarten bis zum Eingreifen der an sich zuständigen Polizeibehörde den Erfolg der notwendigen Maßnahmen erschweren oder vereiteln würde."

Das „sofortige Tätigwerden" basiert auf der Annahme von **Gefahr im Verzug**, ohne dass dieser Begriff in § 60 Abs. 2 PolG ausdrücklich genannt wird.

Das sofortige Tätigwerden muss zum Zeitpunkt der Entscheidung des PVD erforderlich e r s c h e i n e n.

D. h. bei Prüfung aller Umstände und der dadurch gewonnenen Erkenntnisse **just zum Zeitpunkt des Einschreitens** kommt der PVD zum Ergebnis, dass der Gefahr nur w i r k s a m begegnet werden kann, indem auf der Stelle Maßnahmen zur Gefahrenabwehr in die Wege geleitet werden u n d von der Einhaltung des vorgesehenen Verfahrens abgesehen wird (das wäre nämlich die Unterrichtung der Behörde, die ihrerseits gefahrenabwehrrechtliche Verfügungen trifft).

Erforderlich ist, dass – sofern das vorgesehene Verfahren eingehalten werden würde (= Wahrung der Grundzuständigkeit der Behörde nach § 60 Abs. 1 PolG) – **ansonsten der Erfolg vereitelt oder unvertretbar verzögert werden würde**.

Mildere Mittel, die ebenso die drohende Gefahr wirksam beseitigen, sind sämtlich in Betracht zu ziehen, auch wenn sie u. U. nur mit (viel) mehr Aufwand zu bewerkstelligen sind.

Vgl. hierzu die Entscheidung des VG Düsseldorf vom 10.09.2014, die der Stadt Mülheim an der Ruhr die „Gefahr im Verzug-Annahme" beim Fällen eines Baumes im Wege der Ersatzvornahme ohne vorherige Rücksprache mit der Eigentümerin absprach und der Eigentümerin mit ihrer Klage gegen den Kostenbescheid Recht gab. Die Stadt blieb auf den Kosten der Baumfällaktion von ca. 603 Euro „sitzen".

Das VG Düsseldorf entschied, dass z. B. das Absperren des Fußweges im Bereich der schief hängenden Birke die Gefahr genauso gut beseitigt hätte. Die

Stadt hätte vor der Ersatzvornahme auch versuchen müssen, die Eigentümerin des Grundstückes (ggf. über Kontaktaufnahme mit den Nachbarn) nach ihrer Erreichbarkeit zu befragen.

Siehe https://www.waz.de/Städte/Mülheim – Gericht verneint „Gefahr im Verzug" (09.12.2014)

Siehe auch: VGH Baden-Württemberg vom 17.06.2003, 1 S 2025/01. Dort nehmen die Ziffern 26 ff. äußerst ausführlich Stellung zu den Anforderungen an die Eilzuständigkeit im Allgemeinen und exemplarisch auf den streitgegenständlichen Fall bezogen.

Fall 5
Formelle Rechtmäßigkeit – Parallelzuständigkeit – § 60 Abs. 3 PolG

Sachverhalt:

Nachdem ein Mann seine Ehefrau geschlagen und verletzt hat, wird er von der eintreffenden Streifenwagenbesatzung in Gewahrsam genommen, weil er sich nicht beruhigen lässt.

Aufgabe:
Erläutern und begründen Sie sachverhaltsbezogen die formelle Rechtmäßigkeit! Gehen Sie hierbei nur auf die Zuständigkeitsabgrenzung ein.

Lösungsvorschlag:

2. Formelle Rechtmäßigkeit

2.1 Zuständigkeitsabgrenzung

▶ Gemäß § 59 PolG umfasst die Organisation der Polizei die Polizeibehörden und den PVD.

Die beiden Beamten sind Angehörige des PVD, somit auch Polizei.

▶ Nach § 60 Abs. 1, 1. HS PolG sind für die Wahrnehmung der polizeilichen Aufgaben grundsätzlich die Polizeibehörden zuständig.

Hier wird der PVD aber gem. § 60 Abs. 3 PolG im Rahmen der Parallelzuständigkeit selbst tätig, da es sich beim Gewahrsam gem. § 28 PolG um eine dort genannte Standardmaßnahme handelt.

Ergebnis:

Die Streifenwagenbesatzung handelte rechtmäßig.

Hinweis:
Für die meisten der sog. Standardmaßnahmen und bestimmte Rechte der Datenverarbeitung besteht eine Parallelzuständigkeit des PVD. Parallelzuständigkeit bedeutet, dass die Polizeibehörden und der PVD gleichrangig nebeneinander bestimmte Maßnahmen anordnen können. Diese Maßnahmen sind in § 60 Abs. 3 PolG **abschließend** aufgeführt. Eine Entscheidung der zuständigen Polizeibehörde muss der PVD nicht einholen, selbst wenn der Ordnungsamtsangehörige (z. B. im Einsatz) im Streifenfahrzeug sitzen würde.

Fall 6
Formelle Rechtmäßigkeit – Alleinzuständigkeit – § 60 Abs. 1, 2. HS PolG

Sachverhalt:

Bei einem 13½-jährigen Jungen wird ein Butterflymesser beschlagnahmt, da es sich hierbei um einen verbotenen Gegenstand handelt. Das Butterflymesser darf nicht mehr herausgegeben werden und wird von der Behörde eingezogen.

Aufgabe:
Erläutern und begründen Sie sachverhaltsbezogen die formelle Rechtmäßigkeit der Einziehung! Gehen Sie hierbei nur auf die Zuständigkeitsabgrenzung ein.

Lösungsvorschlag:

2. Formelle Rechtmäßigkeit

2.1 Zuständigkeitsabgrenzung

▶ Gemäß § 59 PolG umfasst die Organisation der Polizei die Polizeibehörden und den PVD.

Die Ortspolizeibehörde ist, wie ihre Bezeichnung schon deutlich macht, Polizeibehörde, somit auch Polizei im Sinne des § 59 PolG.

▶ Die allgemeine Polizeibehörde ist gemäß § 34 Abs. 1 PolG für die Einziehung von Gegenständen allein zuständig (man spricht auch von der ausschließlichen Zuständigkeit). Dem PVD sind hier keine Handlungsmöglichkeiten eingeräumt.

Das Butterflymesser wird von der Behörde nicht mehr herausgegeben, also eingezogen nach § 34 PolG.

Ergebnis:

Hier ist die alleinige Zuständigkeit der allgemeinen Polizeibehörde gegeben.

Hinweis:
Für eine Reihe von polizeilichen Maßnahmen nach dem PolG ist der PVD ausschließlich zuständig. In diesen Rechtsvorschriften wird nur der PVD genannt. Dies bedeutet im Umkehrschluss, dass die Polizeibehörde bei diesen Maßnahmen keine Entscheidungs- bzw. Mitwirkungsmöglichkeit besitzt. Polizeibehörden können diese Maßnahmen also weder anordnen noch ausführen. Bei § 34 PolG ist ausschließlich die Polizeibehörde zuständig. Der PVD hat hier keinerlei Befugnisse.

Fall 7
Formelle Rechtmäßigkeit – Richtervorbehalt

Sachverhalt:

Nachdem ein Mann seine Ehefrau geschlagen und verletzt hat, wird er von der eintreffenden Streifenwagenbesatzung in Gewahrsam genommen, weil er sich nicht beruhigen lässt.

Aufgabe:
Erläutern und begründen Sie sachverhaltsbezogen die formelle Rechtmäßigkeit! Gehen Sie hierbei nur auf die Zuständigkeitsabgrenzung ein.

Lösungsvorschlag:

2. Formelle Rechtmäßigkeit

2.1 Zuständigkeitsabgrenzung

▶ **Richtervorbehalt – Art. 104 Abs. 2 GG**
Grundsätzlich obliegt die Anordnung einer Freiheitsentziehung dem Richter. Das Gewahrsam stellt eine Freiheitsentziehung dar.

▶ Gemäß § 28 Abs. 3 Satz 3 PolG ist unverzüglich eine richterliche Entscheidung über die Zulässigkeit und die Dauer eines Gewahrsams herbeizuführen.

▶ Der Gewahrsam wird von den Polizeibeamten vor Ort angeordnet. Grundsätzlich müsste aber ein Richter darüber entscheiden.

▶ Gemäß § 28 Abs. 3 Satz 4 PolG bedarf es einer Herbeiführung einer richterlichen Entscheidung nicht, wenn anzunehmen ist, dass die Entscheidung erst nach Wegfall des Grundes des Gewahrsams ergehen würde.

▶ Gemäß VwV PolG zu § 28 Abs. 3 und 4 Nr. 1 PolG kann der Gewahrsam zunächst ohne richterliche Entscheidung angeordnet werden. Eine richterliche Entscheidung ist jedoch unverzüglich einzuholen.

Hier ist ein solcher Fall gegeben, da nicht bis zur Vorlage einer richterlichen Entscheidung zugewartet werden kann, ohne dass die erheblichen Gefahren weiter bestehen, da der Betroffene in keiner Weise berechenbar ist. Spätestens auf der Dienststelle müssen die Beamten jedoch den zuständigen Richter verständigen.

▶ Gemäß § 59 PolG umfasst die Organisation der Polizei die Polizeibehörden und den PVD.

Die beiden Beamten sind Angehörige des PVD, somit auch Polizei.

▶ Nach § 60 Abs. 1, 1. HS PolG sind für die Wahrnehmung der polizeilichen Aufgaben grundsätzlich die Polizeibehörden zuständig.

Hier wird der PVD aber gemäß § 60 Abs. 3 PolG im Rahmen der Parallelzuständigkeit selbst tätig, da es sich beim Gewahrsam gemäß § 28 PolG um eine in § 60 Abs. 3 PolG genannte Standardmaßnahme handelt.

Ergebnis:

Die Streifenwagenbesatzung ist zuständig.

Hinweis:
Einige Standardmaßnahmen wie z. B. der Gewahrsam nach § 28 PolG oder die Wohnungsdurchsuchung nach § 31 PolG verweisen direkt im Gesetzestext der Maßnahme auf den sog. Richtervorbehalt. Dies bedeutet, dass grundsätzlich nur ein Richter diese Maßnahme anordnen darf.
Dieser Richtervorbehalt wird ebenfalls in der formellen Rechtmäßigkeit geprüft.

Merke:
Handelt es sich um eine Maßnahme, bei der ein Richtervorbehalt besteht, steht dieser an erster Stelle bei der schriftlichen Prüfung der formellen Rechtmäßigkeit. Erst im Anschluss wird die Zuständigkeit von Polizeibehörde bzw. PVD geprüft. Der Richtervorbehalt aus Art. 13 GG (Wohnung) und Art. 104 GG (Freiheit der Person) wird auch, da er direkt im GG geregelt ist, als verfassungsunmittelbarer Richtervorbehalt bezeichnet.

Fall 8
Formelle Rechtmäßigkeit – Örtliche Zuständigkeit

Sachverhalt:

Auf dem Polizeirevier Konstanz geht telefonisch eine Beschwerde wegen Ruhestörung ein. Daraufhin fährt eine Streifenwagenbesatzung die vom Anzeigeerstatter angegebene Örtlichkeit an.

Aufgabe:
Erläutern und begründen Sie sachverhaltsbezogen die formelle Rechtmäßigkeit!
Gehen Sie hierbei nur auf die örtliche Zuständigkeit ein.

Lösungsvorschlag:

2. Formelle Rechtmäßigkeit

2.2 Örtliche Zuständigkeit

▶ Nach § 75 PolG ist die Polizei im ganzen Land BW zuständig. Gemäß § 76 PolG gibt es jedoch Dienstbezirke.

Im Sachverhalt handeln die beiden Polizeibeamten in ihrem Revierbereich Konstanz und somit in ihrem Dienstbezirk.

Ergebnis:

Die Polizeibeamten handeln rechtmäßig.

Hinweis:
Gemäß § 75 Satz 1 PolG gilt für die örtliche Zuständigkeit folgender Grundsatz: „Die Polizeidienststellen sind im ganzen Landesgebiet zuständig.“ Satz 2 führt weiter aus: „Sie sollen in der Regel jedoch nur in ihrem Dienstbezirk tätig werden.“
Durch § 76 PolG werden die Dienstbezirke festgelegt.

Merke:
Grundsätzlich können die Polizeibeamten des Landes Baden-Württemberg im ganzen Landesgebiet tätig werden, ohne dass dadurch die sachliche Zuständigkeit beeinträchtigt wird.
Die Empfehlung (kein „Muss“) aus § 75 Satz 2 PolG soll verhindern, dass es zu Überschreitungen des Dienstbezirks kommt.

Triftige Gründe verbieten somit ein Tätigwerden außerhalb des eigenen Dienstbezirks nicht. Dies ist bei Eil- bzw. Notfällen oder aus Gründen der Zweckmäßigkeit der Fall. Hier kann auch in anderen Dienstbezirken eingeschritten werden, ohne dass es hierdurch an der Rechtmäßigkeit der Amtsausübung scheitert.

Fall 9
Formelle Rechtmäßigkeit – Erkennbarkeit

Sachverhalt:

Auf dem Polizeirevier Konstanz geht telefonisch eine Beschwerde wegen Ruhestörung ein. Daraufhin fährt eine Streifenwagenbesatzung die vom Anzeigeerstatter angegebene Örtlichkeit an.

Aufgabe:
Erläutern und begründen Sie sachverhaltsbezogen die formelle Rechtmäßigkeit! Gehen Sie hierbei nur auf die Erkennbarkeit ein.

Lösungsvorschlag:

2. Formelle Rechtmäßigkeit

2.3 Erkennbarkeit

Die Erkennbarkeit ist durch das Tragen der *Uniform und durch den Streifenwagen* gegeben. Die Beamten könnten auch noch die Dienstausweise vorzeigen.

Polizeibeamte sind erkennbar, weil sie:
- Dienstkleidung/Uniform tragen (vollständig!)
- mit einem Streifenwagen unterwegs sind
- sich mit Dienstausweis oder Dienstmarke ausweisen
- (unter Umständen) persönlich als Polizeibeamte bekannt sind

Ergebnis:

Die Streifenwagenbesatzung handelte rechtmäßig.

Merke:
Die Erkennbarkeit von Polizeibeamten spielt eine wichtige Rolle. Sie ist **nicht durch Gesetze definiert, sondern durch Erfahrungswerte** und Rechtsprechung. Die Erkennbarkeit von Polizeibeamten ist teilweise auch in Rechtsgrundlagen gefordert:
- Gem. VwV zu § 36 Abs. 5 StVO dürfen nur solche Polizeibeamte Zeichen und Weisungen erteilen, die erkennbar sind.
- Beim Widerstand gegen Vollstreckungsbeamte gem. § 113 StGB muss die Diensthandlung, gegen die Widerstand geleistet wird, rechtmäßig sein (und dazu gehört die Erkennbarkeit).

- Fatal wirkte sich die fehlende Erkennbarkeit in folgendem Fall aus:
  (Aus Spiegel-online v. 03.11.11, BGH hebt Schuldspruch gegen Hells Angels auf)

Karlsruhe – Der Bundesgerichtshof (BGH) hat die Verurteilung eines Rockers zu achteinhalb Jahren Haft wegen tödlicher Schüsse auf einen Polizisten aufgehoben und den Mann freigesprochen. Der Hells Angel habe sich von Mitgliedern der rivalisierenden Bandidos bedroht gefühlt und in irrtümlicher Notwehr geschossen, teilte das Gericht mit.

Bei dem tödlichen Zwischenfall hatte der Täter durch die geschlossene Tür seines Hauses im rheinland-pfälzischen Anhausen geschossen. „Er erblickte von einem Treppenabsatz aus durch die Teilverglasung der Haustür eine Gestalt, **konnte diese aber nicht als Polizisten erkennen"**, heißt es in der Mitteilung des BGH. Der Mann habe stattdessen angenommen, schwerbewaffnete Bandidos seien gekommen, um ihn und seine Verlobte zu töten. Als auf den Warnruf „Verpisst euch!" und das Einschalten des Lichtes keine Reaktion erfolgte, habe der Mann geschossen. Eine solche irrtümliche Annahme einer Notwehrlage sei nach ständiger Rechtsprechung ebenso zu behandeln wie ein Fall tatsächlich gegebener Notwehr, befand der BGH (Az. 2 StR 375/11).

Das Landgericht Koblenz hatte den Rocker im Februar wegen Totschlags verurteilt, weil er zumindest einen Warnschuss hätte abgeben müssen. Das sahen die BGH-Richter anders. Da der Angeklagte von höchster Lebensgefahr ausgegangen sei, sei es ihm „nicht zuzumuten" gewesen, durch einen Warnschuss auf sich aufmerksam zu machen und seine „Kampf-Position" zu schwächen. Dass es durch die Verkettung unglücklicher Umstände zum Tod des Polizeibeamten kam, sei dem Angeklagten daher nicht anzulasten.

Ein Spezialeinsatzkommando der Polizei hatte im März 2010 gegen 6 Uhr morgens versucht, die Haustür des Rockers bei einer Durchsuchungsaktion aufzubrechen. Der Schuss des Hells Angels war am Armausschnitt der Schutzweste eines 42-jährigen Polizisten eingedrungen und hatte ihn getötet. In erster Instanz hatte der Rocker – auch wegen Nötigung und versuchter räuberischer Erpressung – eine neunjährige Freiheitsstrafe erhalten.

Fall 10
Formelle und materielle Rechtmäßigkeit – Allgemeinauftrag – §§ 1, 3 PolG

Sachverhalt:

Während der Streifenfahrt in ihrem Revierbereich fahren die Polizeibeamten PM Schnell und PHM Hurtig gegen 22.30 Uhr auf der vierspurigen B 14 zu einem kurz zuvor erfolgten Verkehrsunfall, bei dem drei Pkw und offensichtlich ein Lkw beteiligt sind.

Einer der Pkw hat bereits Feuer gefangen. Über Funk gibt PM Schnell sofort eine Lagemeldung an seine Dienststelle durch und fordert auch gleichzeitig die Feuerwehr und Rettungsfahrzeuge des DRK an. PHM Hurtig beginnt mit der Absicherung der Unfallstelle.

Nach Absetzen der Lagemeldung begibt sich PM Schnell mit dem Feuerlöscher aus dem Streifenwagen zu dem brennenden Pkw. Ein Löschversuch bleibt jedoch erfolglos, weil das Fahrzeug schon zu stark brennt.

PHM Hurtig entdeckt zu diesem Zeitpunkt neben dem Lkw (der nur leichte Beschädigungen an Stoßstange und Beleuchtungseinrichtungen aufweist) den Fahrer des Lastzuges, offensichtlich verletzt und unter Schock, auf dem Boden sitzend. Weitere unbeteiligte Verkehrsteilnehmer stehen z. T. untätig herum, in den Fahrzeugen befindet sich niemand mehr. Die zum Glück nur leicht verletzten Unfallbeteiligten haben sich bereits in einiger Entfernung hinter die Leitplanke begeben. PHM Hurtig weist die nicht am Unfall Beteiligten an, sich etwa 50 m von der Unfallstelle zu entfernen, was die Personen auch tun. Zusammen mit einer dieser Personen bringt er den verletzten Lkw-Fahrer aus der Gefahrenzone.

Währenddessen sieht PM Schnell etwa 100 m hinter der Unfallstelle einen Lkw stehen, dessen Fahrer sich gerade zu Fuß zur Unfallstelle begibt. Er geht auf ihn zu und fordert ihn auf, den leicht beschädigten Lkw aus der Gefahrenzone zu fahren, da inzwischen ein zweiter Pkw Feuer gefangen hat. Weder PHM Hurtig noch PM Schnell besitzen eine entsprechende Fahrerlaubnis, um den Lkw selbst wegzufahren. Der am Unfall beteiligte Lkw hat Holzpellets geladen, und PM Schnell will verhindern, dass das Feuer auch auf den Lkw übergreift.

Durch die unmittelbar danach eintreffenden Rettungskräfte werden alle Verletzten geborgen und ärztlich versorgt sowie der Brand gelöscht.

Aufgabe:
Erläutern und begründen Sie sachverhaltsbezogen, ob die Anweisung an den nicht am Unfall beteiligten Lkw-Fahrer, den beschädigten Lkw wegzufahren, rechtmäßig war.

Lösungsvorschlag:

2. Formelle Rechtmäßigkeit

2.1 Zuständigkeitsabgrenzung

Gemäß § 59 PolG umfasst die Organisation der Polizei die Polizeibehörden und den PVD.

Die beiden Beamten sind Angehörige des PVD, somit auch Polizei.

Nach § 60 Abs. 1, 1. HS PolG ist für die Wahrnehmung der polizeilichen Aufgaben bei einer Maßnahme nach § 1 Abs. 1 Satz 1 i. V. m. § 3 PolG grundsätzlich die Polizeibehörde zuständig (Grundzuständigkeit). Hier ist aber ein sofortiges Tätigwerden des PVD gem. § 60 Abs. 2 PolG (Eilzuständigkeit) erforderlich, *da die Polizeibehörde am Wochenende nicht mehr zu erreichen ist, sondern erst wieder am Montag. Eile ist jedoch geboten, da man zum Schutz von Gesundheit und Leben der Verletzten und zur Verhinderung der Brandausweitung nicht bis zu einer Entscheidung der PB abwarten kann.*

2.2 Örtliche Zuständigkeit

Grundsätzlich ist der PVD gemäß § 75 Satz 1 PolG im ganzen Land Baden-Württemberg zuständig. Gemäß § 75 Satz 2 PolG soll der PVD nur im eigenen Dienstbezirk tätig werden.

Laut SV befinden sich die zwei Polizeibeamten in ihrem Revierbereich. Sie sind also örtlich zuständig.

2.3 Erkennbarkeit

Laut Sachverhalt handelt es sich um zwei Polizeibeamte, genauer gesagt um Angehörige der Schutzpolizei, sie sind somit an ihrer Uniform erkennbar. Da sie auf Streifenfahrt sind, sind sie auch am Dienst-Kfz erkennbar.

3. Materielle Rechtmäßigkeit

3.1 Tatbestandsvoraussetzungen und Rechtsfolge

Da sich die Maßnahme nach §§ 1, 3 PolG richtet, keine spezielle Ermächtigungsgrundlage vorhanden ist, muss der Allgemeinauftrag vorliegen.

▶ Einzelner
Jede natürliche Person von der Geburt bis zum Tod.

Das sind hier die Verletzten sowie auch die einschreitenden Beamten bzw. alle sich vor Ort befindenden Personen wegen der Brandgefahr.

▶ Gefahr
Gefahr ist die objektive, nicht entfernte Möglichkeit eines Schadenseintritts.

Hier könnte eine unmittelbar bevorstehende Lebensgefahr vorliegen.

Eine **Gefahr ist dann unmittelbar bevorstehend**, wenn ein Schaden nach allgemeiner Lebenserfahrung sofort oder in allernächster Zeit eintritt, wenn die Polizei nicht einschreitet.

Von einer **Lebensgefahr** spricht man dann, wenn das Leben durch Vernichtung oder erhebliche Gesundheitsschädigung bedroht ist.

Laut Sachverhalt hat ein zweiter Pkw Feuer gefangen. Sollte das Feuer auf den Lkw übergreifen, ist ein Vollbrand zu erwarten, was unter Umständen dazu geeignet ist, das Leben der sich dort befindenden Personen zu gefährden. Außerdem handelt es sich bei einem Schock um einen potenziell lebensgefährlichen Zustand. Daher liegt hier eine unmittelbar bevorstehende Lebensgefahr vor.

▶ Störung
Von einer Störung spricht man immer dann, wenn ein Schaden eingetreten ist.

Hier sind drei Pkw bzw. ein Lkw beschädigt (materieller Schaden), Personen sind verletzt (Körperschäden) und eventuell liegt eine OWi oder Straftat vor (ideeller Schaden). Eine Störung ist somit vorhanden.

▶ Öffentliche Sicherheit
Die Öffentliche Sicherheit umfasst die Gesamtheit der geschriebenen Rechtsordnung sowie die Individualrechtsgüter (z. B. Leben und Gesundheit, aber auch Eigentum).

Im vorliegenden Fall sind Gesundheit bzw. Leben des verletzten Lkw-Fahrers bzw. der sich vor Ort befindenden Personen bedroht und die Gesundheit des Lkw-Fahrers sowie das Eigentum der Pkw- bzw. Lkw-Fahrer gestört, die Öffentliche Sicherheit ist also tangiert.

Öffentliches Interesse

Im Öffentlichen Interesse geschieht der Schutz von Gesundheit und Leben. In der Regel ist Öffentliches Interesse gegeben, wenn Schutzgüter der Öffentlichen Sicherheit betroffen sind.

Dies ist hier beides der Fall, so dass die TBV der Öffentlichen Sicherheit gegeben ist.

Zwischenergebnis:

Die Anweisung war rechtmäßig.

3.2 Adressat

Grundsätzlich wäre der Lkw-Fahrer als Polizeipflichtiger heranzuziehen. Er ist als Inhaber der tatsächlichen Gewalt Zustandsstörer nach § 7 PolG (ob er auch Verhaltensstörer ist, ist nicht bekannt, da man nicht weiß, wie der Unfall zustande kam). Ebenfalls denkbar wäre, die Firma (der der Lkw gehört) anzurufen, da diese ebenfalls Zustandsstörer nach § 7 PolG ist (Eigentümerin). Eine unmittelbare Ausführung nach § 8 PolG kommt immer dann in Frage, wenn der eigentlich Polizeipflichtige nicht oder nicht (rechtzeitig) erreichbar ist.

Da der Lkw-Fahrer selbst nicht in der Lage dazu ist, den Lkw wegzufahren, und die Verständigung der Firma zu viel Zeit in Anspruch nehmen würde, kommt die unmittelbare Ausführung in Form der Selbstvornahme durch einen der beiden Polizeibeamten in Betracht. Diese scheitert laut SV aber an einer nicht vorhandenen Fahrerlaubnis. Der laut SV herangezogene andere Lkw-Fahrer ist eine unbeteiligte Person im Sinne von § 9 PolG, da er nicht zu den Personen nach §§ 6 bis 8 PolG gehört. Maßnahmen gegenüber Unbeteiligten sind nur dann zulässig, wenn Maßnahmen nach §§ 6 bis 8 PolG möglich sind bzw. einen unverhältnismäßig hohen Schaden verursachen und eine unmittelbar bevorstehende Gefahr abgewehrt werden muss. Würde man die unmittelbare Ausführung gem. § 8 PolG (durch Fremdvornahme) vornehmen, käme es einerseits zu Kosten und zum anderen würde auch das zu lange dauern, so dass der Lkw zwischenzeitlich Feuer fangen könnte. Außerdem liegt eine unmittelbar bevorstehende Gefahr vor. Der an sich unbeteiligte Lkw-Fahrer ist somit der richtige Adressat.

3.3 Ermessensausübung

Entschließungsermessen

Die Frage, ob die Polizei einschreitet oder nicht, wird nach § 3 PolG überprüft. Rechtliche Schranken stehen einem Einschreiten nicht im Wege.

Die Polizei kann bzw. muss aufgrund des Vorliegens des Allgemeinauftrags hier tätig werden.

▶ Ermessensfehler sind im vorliegenden Fall keine zu erkennen, es liegt ferner eine Ermessensreduzierung auf Null vor.

Die Gesundheit bzw. Leben der Personen vor Ort ist in Gefahr.

Die Entscheidung, einzuschreiten, erfolgte also nach pflichtmäßigem Ermessen.

▶ **Auswahlermessen**
bezieht sich auf das „Wie" des Einschreitens, wie eingeschritten wird.

PHM Hurtig fordert den unbeteiligten Lkw-Fahrer auf, den leicht beschädigten Lkw aus der Gefahrenzone zu fahren, da inzwischen ein zweiter Pkw Feuer gefangen hat. Weder PHM Hurtig noch PM Schnell besitzen eine entsprechende Fahrerlaubnis, um den Lkw selbst wegzufahren.

▶ **Erforderlichkeit**
Die Anordnung muss außerdem erforderlich sein. Erforderlich bedeutet, dass die Maßnahme **notwendig** und **zweckmäßig** ist.

Ein Einschreiten war notwendig, da der Lkw mit den Holzpellets sonst Feuer fangen könnte. Ein Einschreiten ist zweckmäßig, weil zwei Polizeibeamte eine solche Situation mit den ihnen zur Verfügung stehenden Kräften bzw. Mitteln in der Regel bewältigen können. Erforderlichkeit ist also gegeben.

Zwischenergebnis:

Das Ermessen wurde korrekt ausgeübt.

3.4 Grundsatz der Verhältnismäßigkeit

Die Anweisung ist grundsätzlich **geeignet**, *den Lkw aus der Gefahrenzone zu bringen.* Ein **milderes Mittel** ist nicht erkennbar, so dass die Beamten das mildeste noch taugliche Mittel angewandt haben. Bei der **VHM im engeren Sinne** sind die zu schützenden Rechtsgüter mit den durch die Polizei begangenen Grundrechtseingriffen abzuwägen. *Hier wird in das Grundrecht der Allgemeinen Handlungsfreiheit aus Art. 2 Abs. 1 GG eingegriffen. Durch die Maßnahme der Polizei wird das Rechtsgut der körperlichen Unversehrtheit bzw. das Leben geschützt. Da hier kein krasses Missverhältnis besteht, ist die Maßnahme verhältnismäßig und der Grundsatz der VHM wurde ausreichend beachtet.*

Endergebnis:

Die Aufforderung, den LKW wegzufahren, war also eine rechtmäßige Maßnahme nach § 1 Abs. 1 Satz 1 i.V.m. § 3 PolG.

Hinweis:
Bei der Fragestellung: *„Erläutern und begründen Sie sachverhaltsbezogen, ob die … (Maßnahme) rechtmäßig war"*, wird die Prüfung der formellen und materiellen Rechtmäßigkeit im Gesamten erwartet, da nur dann die Rechtmäßigkeit bejaht oder verneint werden kann.
Bei Fragestellungen nach der formellen bzw. materiellen Rechtmäßigkeit ist grundsätzlich der komplette Punkt zu bearbeiten, außer es werden von vorneherein nur bestimmte Punkte abgefragt. Die Formulierungen lauten dann: *„Gehen Sie nur auf… ein"* (Positivabgrenzung) oder *„Gehen Sie dabei nicht auf… ein"* (Negativabgrenzung).
Es empfiehlt sich also, sich die einzelnen Abschnitte mit den Unterpunkten des Prüfungsschemas zu merken.

Fall 11
Adressat – Entschließungs- und Auswahlermessen – Verhältnismäßigkeit

Sachverhalt:

Sie befinden sich am 12.11.2018 um 21.45 Uhr mit Ihrem Praxisausbilder auf Streifenfahrt, als Sie über Funk den Auftrag erhalten, in die Berliner Str. 6, Böblingen, zu fahren.

Frau Kraft hatte gemeldet, dass in der Nachbarwohnung ein lautstarker Streit zwischen ihrer dort wohnenden Freundin Selina Mond und deren Freund Francesco Stella im Gange wäre.

An der besagten Wohnungstür können Sie lautstarkes Geschrei vernehmen. Erst nach mehrfachem Klingeln öffnet Selina Mond die Tür. Sie wirkt sehr verängstigt und etwas verwirrt; im Gesicht weist sie über der linken Augenbraue eine Platzwunde auf.

In einem Gespräch mit (der schwangeren) Frau Mond erfahren Sie, dass ihr Freund sie heute bei einem Streit zum wiederholten Male mit der Faust ins Gesicht geschlagen und mit den Füßen in Richtung ihres Unterleibs getreten habe.

Francesco Stella sitzt im Wohnzimmer, ist weiterhin sehr aggressiv und droht Frau Mond mit Schlägen, sobald die Polizei wieder weg sei. Daraufhin erteilt Ihr Praxisausbilder ihm einen Wohnungsverweis. Herr Stella wird von Ihrem Praxisausbilder und Ihnen anschließend vor die Tür gebracht. Hier gibt er Ihnen deutlich zu verstehen, dass er zurückkommt, wenn die Polizei weg ist, mit den Worten: „Wartet nur, ich komme nachher wieder, ich lasse mir von der Polizei gar nichts verbieten. Von euch schon zweimal nicht!“

Aufgrund der Gesamtsituation entscheiden Sie und Ihr Praxisausbilder, Francesco Stella auf die Dienststelle zu verbringen.

Aufgabe:
Erläutern und begründen Sie sachverhaltsbezogen die materielle Rechtmäßigkeit der Mitnahme des Herrn Stella durch den PVD nach den Bestimmungen des PolG. Gehen Sie hierbei nur auf den Adressaten, die Ermessensausübung sowie den Grundsatz der Verhältnismäßigkeit ein.

Lösungsvorschlag:

3.2 Adressat

▶ Verhaltensstörer gemäß § 6 Abs. 1 PolG ist eine Person, die durch ihr Verhalten bewusst oder unbewusst die Bedrohung oder Störung für die öffentliche Sicherheit oder Ordnung herbeigeführt hat.

Da Herr Stella seine Freundin bereits geschlagen hat, und er zum anderen damit droht, wieder zurückzukommen, sobald wir die Örtlichkeit verlassen haben, ist er Verhaltensstörer im Sinne des § 6 Abs. 1 PolG und somit Adressat des Gewahrsams.

3.3 Ermessensausübung

▶ **Entschließungsermessen**
Die Frage, ob die Polizei einschreitet oder nicht, wird nach § 3 PolG überprüft. Rechtliche Schranken stehen einem Einschreiten nicht im Wege.

Da Herr Stella hochgradig aggressiv war und er mit weiteren Schlägen drohte, sank das Entschließungsermessen gegen Null, da Gefahr für die Gesundheit der Frau bestand.

▶ **Auswahlermessen**
bezieht sich auf das „Wie" des Einschreitens, wie eingeschritten wird.

Die Auswahl der Maßnahme war rechtmäßig, da es keine andere Möglichkeit gab, als Herrn Stella mitzunehmen, da er schon angedroht hatte, dass er wiederkommt.

Es liegen keine Ermessensfehler vor.

▶ **Erforderlichkeit**
Der Gewahrsam muss außerdem erforderlich sein. Erforderlich bedeutet, dass die Maßnahme **notwendig** und **zweckmäßig** ist.

Die Maßnahme war notwendig. Herr Stella wäre wieder zurückgekommen, wenn man ihm lediglich einen Wohnungsverweis und ein Rückkehrverbot ausgesprochen hätte, und somit eine polizeiliche Aufgabe – Gefahrenabwehr – vorlag.

▶ Eine Maßnahme ist dann zweckmäßig, wenn durch die Maßnahme das polizeiliche Ziel erreicht werden kann.

Durch den Gewahrsam war es den Beamten tatsächlich möglich, Frau Mond vor weiteren Übergriffen zu schützen.

Eine Ermessensüberschreitung bzw. ein Ermessensmissbrauch konnte somit nicht festgestellt werden.

3.4 Grundsatz der Verhältnismäßigkeit

▶ **Geeignet**
Geeignet ist jede Maßnahme, die objektiv tauglich ist, also das polizeiliche Ziel erreichen kann.

Der Gewahrsam ist geeignet, weitere Übergriffe des Herrn Stella gegen Frau Mond zu unterbinden, was das Ziel des Einschreitens darstellt.

▶ **Mildestes Mittel**
Weiterhin muss das **mildeste Mittel** angewandt werden.

Mit einem Gespräch alleine wäre die Situation nicht zu lösen gewesen. Deswegen wurde Herrn Stella zunächst ein Wohnungsverweis erteilt, um weitere Übergriffe auf Frau Mond zu unterbinden. Nachdem er aber in unserer Anwesenheit klarmacht, dass er sich von der Polizei nichts sagen lässt und wiederkommen wird, verliert der Wohnungsverweis seine schützende Wirkung. Ein Rückkehrverbot scheint nicht sinnvoll, da Herr Stella höchstwahrscheinlich dieses nicht befolgen wird, da er sagt: „Wartet nur, ich komme nachher wieder, ich lasse mir von der Polizei gar nichts verbieten…“ Deshalb war nur eine Gewahrsamnahme des Herrn Stella zur Lösung der Situation möglich. Mildere Mittel mit gleicher Erfolgsaussicht standen nicht zur Verfügung.

▶ **VHM im engeren Sinn**
Bei der **VHM im engeren Sinne** sind die zu schützenden Rechtsgüter mit den durch die Polizei erfolgten Grundrechtseingriffen abzuwägen.

Der Zweck der Maßnahme, der Schutz der körperlichen Unversehrtheit und das Recht auf Leben für Frau Mond und ihr ungeborenes Kind wiegen höher als der Grundrechtseingriff in die Freiheit der Person bei Herrn Stella. Somit ist die Maßnahme auch verhältnismäßig im engeren Sinn.

Ergebnis:

Die Mitnahme des Herrn Stella war rechtmäßig.

Fall 12
Vollstreckung der Maßnahme (Verwaltungsakt)

Sachverhalt:

Es ist Samstagnacht um 23.00 Uhr, als eine Streifenwagenbesatzung des Polizeireviers Böblingen zwei augenscheinlich angetrunkene Jugendliche am Oberen See in Böblingen kontrolliert. Hier werden erfahrungsgemäß Straftaten begangen (Sexualstraftaten, Handel mit und Konsum von Betäubungsmitteln, Hehlerei, Verstöße gegen das Aufenthalts-/Asylgesetz).

Einer der beiden Jugendlichen hat nach eigenen Angaben keinerlei Dokumente dabei, die auf seine Identität schließen lassen. Seine mündlichen Angaben sind durch eine MeldIT-Abfrage nicht bestätigt worden. Die beiden Beamten eröffnen dem Jugendlichen daher die Durchsuchung nach Identitätspapieren: „Da Sie keinen Ausweis dabei haben und Ihre Angaben auch nicht mit den Informationen übereinstimmen, die wir vom Einwohnermeldeamt haben, werden wir Sie jetzt nach Ausweisen durchsuchen. Bitte gehen Sie zum Streifenwagen und legen Sie Ihre Hände aufs Dach."

Der Jugendliche antwortet daraufhin, dass er sich mit Sicherheit nicht durchsuchen lassen werde. Daraufhin erklären ihm die Beamten, dass die Durchsuchung auch zwangsweise durchgeführt wird: „Falls Sie sich gegen eine Durchsuchung wehren, werden wir diese nötigenfalls auch unter Anwendung von Zwang durchführen!"

Nach einer kurzen Zeit geht der Jugendliche mit den Beamten zum Streifenwagen und lässt die Durchsuchung dann auch „über sich ergehen".

Aufgabe:
Erläutern und begründen Sie sachverhaltsbezogen, ob es sich bei der Aufforderung an den Jugendlichen, er solle zum Zwecke der Durchsuchung zum Streifenwagen gehen und seine Hände aufs Dach legen, um einen vollstreckbaren Verwaltungsakt handelt.

Lösungsmöglichkeit:

4. Vollstreckung der Maßnahme

4.1 Liegt ein Verwaltungsakt vor?

> **Merke:**
> Ein VA liegt gem. § 35 LVwVfG dann vor, wenn eine Behörde eine hoheitliche Maßnahme auf dem Gebiet des öffentlichen Rechts zur Regelung des Einzelfalls anordnet, die eine unmittelbare Rechtswirkung nach außen entfaltet.

▶ Hoheitliche Maßnahme
Unter einer hoheitlichen Maßnahme versteht man die einseitig öffentlich-rechtliche Anordnung der Behörde. Entscheidend ist hier der Regelungsinhalt.

Im Sachverhalt ist dies die Aufforderung, zum Zwecke der Durchsuchung zum Streifenwagen zu gehen und die Hände aufs Dach zu legen. Der Jugendliche, als Adressat der Anordnung, hat die Anweisung zu befolgen (Subordinationsprinzip).

▶ Behörde
Unter Behörde versteht man jede Stelle, die öffentliche Verwaltungstätigkeit wahrnimmt (§ 1 Abs. 2 LVwVfG). Die Polizeibehörde nimmt öffentliche Verwaltungstätigkeit wahr.

Da der PVD gemäß § 59 PolG Teil der Polizei ist, nimmt er als solcher auch Aufgaben der öffentlichen Verwaltung wahr und ist deshalb auch Behörde i. S. d. LVwVfG. Die Beamten im vorliegenden Sachverhalt sind Angehörige des PVD.

▶ Gebiet des öffentlichen Rechts
Unter dem Begriff des Gebiets des öffentlichen Rechts versteht man die Abgrenzung zum Privatrecht.

Die Beamten treffen ihre Maßnahmen (Anmerkung: ggf. wurde dies schon vorher geprüft, dann direkter Verweis auf die Prüfung) gemäß § 26 Abs. 1 Nr. 2 und § 26 Abs. 2 PolG und werden damit im Bereich des öffentlichen Rechts tätig.

▶ Einzellfallregelung
Unter Einzelfallregelung versteht man *in diesem Sachverhalt die Anordnung des PVD gegenüber dem Jugendlichen, der zum Streifenwagen gehen*

und die Hände aufs Dach legen soll. Ein konkreter (Lebens)Sachverhalt, hier die Durchsuchung genau dieses Jugendlichen, wird geregelt.

▶ **Außenwirkung**
Eine Außenwirkung liegt vor, wenn die Person, die die Anordnung betrifft, nicht einer Verwaltung angehört und es sich um eine natürliche Person handelt.

Diese Anordnung wurde vom PVD mit dem Willen auf Verbindlichkeit erlassen, sie erzeugt somit eine unmittelbare Rechtswirkung.

Eine Außenwirkung liegt ebenfalls vor, da der PVD seine Anordnung an den Jugendlichen richtet, der nicht einer Verwaltung angehört und es sich um eine natürliche Person handelt. Zudem ändert sich seine Rechtsposition, bezogen auf sein Grundrecht auf allgemeine Handlungsfreiheit; er kann sich für die Zeit der Kontrolle vom Kontrollort nicht entfernen.

Zwischenergebnis:

Es liegt ein Verwaltungsakt gemäß § 35 LVwVfG vor.

4.2 Ist der Verwaltungsakt wirksam?

▶ **Wirksamkeit – § 43 Abs. 1 LVwVfG**
Der VA ist ab dem Zeitpunkt wirksam, sobald er bekannt gegeben wurde.

Laut Sachverhalt exakt mit der Aufforderung an den Jugendlichen, zum Streifenwagen zu gehen und die Hände aufs Dach zu legen. Der Jugendliche hat auch verstanden, was der Beamte von ihm will, weil er antwortete, dass er sich nicht durchsuchen lassen wird.

▶ **Formfreiheit – § 37 Abs. 2 LVwVfG**
Gemäß § 37 Abs. 2 LVwVfG ist der Verwaltungsakt an keine Form (mündlich, schriftlich, elektronisch oder in anderer Weise) gebunden.

Somit kann dieser, wie im vorliegenden Sachverhalt, auch mündlich ausgesprochen werden.

▶ **Bestimmtheitsgrundsatz – § 37 Abs. 1 LVwVfG**
Der Verwaltungsakt muss gemäß § 37 Abs. 1 LVwVfG inhaltlich hinreichend bestimmt sein, d.h., der Betroffene muss erkennen, WER, WAS von WEM will.

Dies liegt im SV vor, da der Jugendliche den Beamten als Polizei (PVD) erkennt und der Beamte ihm auch klar angibt, was er tun soll, nämlich zum Zwecke der Durchsuchung zum Streifenwagen zu gehen und seine Hände auf das Dach zu legen.
Somit ist der Bestimmtheitsgrundsatz erfüllt.

▶ **Bekanntgabe – § 41 Abs. 1 LVwVfG**
§ 41 Abs. 1 LVwVfG schreibt vor, dass der VA der Person bekannt zu geben ist, für die er bestimmt ist.

Der Verwaltungsakt wurde dem Jugendlichen gegenüber persönlich eröffnet und somit bekanntgegeben.

Zwischenergebnis:

Es liegt ein wirksamer Verwaltungsakt vor.

> **Merke:**
> Da die Aufforderung des PVD nicht befolgt wird, ist zu prüfen, ob der VA zwangsweise durchgesetzt (vollstreckt) werden kann.

4.3 Ist der Verwaltungsakt vollstreckbar?

Die Vollstreckung eines VA richtet sich nach dem LVwVG.

▶ **Art und Weise der Vollstreckung – § 18 LVwVG**
Gemäß § 18 LVwVG können Verwaltungsakte, die zu einer Handlung, Duldung oder Unterlassung verpflichten, mit Zwangsmittel vollstreckt werden.

Im konkreten Fall muss der Jugendliche die Durchsuchung erdulden und hierzu seine Hände auf das Autodach legen, womit die Voraussetzungen des § 18 LVwVG gegeben sind.

▶ **Vollstreckbarkeit – § 2 LVwVG**
Ein Verwaltungsakt kann dann vollstreckt werden, wenn dieser gemäß § 2 LVwVG unanfechtbar geworden ist oder die aufschiebende Wirkung eines Rechtsbehelfs entfällt. Ein Verwaltungsakt ist unanfechtbar, wenn die Widerspruchsfrist gemäß § 70 VwGO verstrichen ist.

Im vorliegenden Fall ist die Widerspruchsfrist noch nicht abgelaufen, weshalb der Verwaltungsakt noch nicht unanfechtbar ist.

▶ **Widerspruch – § 70 VwGO**
Gegen einen VA kann innerhalb eines Monats Widerspruch erhoben werden.

Da der Jugendliche im Sachverhalt deutlich äußert, dass er sich mit Sicherheit nicht durchsuchen lassen werde, ist dies klar als Widerspruch gemäß § 70 VwGO zu werten.

▶ **Aufschiebende Wirkung – § 80 VwGO**
Der Widerspruch hat gemäß § 80 Abs. 1 VwGO **grundsätzlich** eine aufschiebende Wirkung und der VA wäre somit nicht sofort vollstreckbar. Die aufschiebende Wirkung entfällt jedoch nach § 80 Abs. 2 Nr. 2 VwGO bei unaufschiebbaren Maßnahmen des PVD.
Dies liegt vor, wenn ohne Vornahme der Maßnahme die polizeiliche Aufgabe vereitelt oder gefährdet wäre.

Im vorliegenden Falle könnte die aufschiebende Wirkung des Verwaltungsakts gemäß § 80 Abs. 2 Nr. 2 VwGO wegen einer unaufschiebbaren Maßnahme des PVD entfallen.
Der Jugendliche hält sich an einem Ort auf, an dem erfahrungsgemäß Straftaten begangen werden, und ohne Durchsuchung des Jugendlichen kann dessen Identität nicht ermittelt werden. Ohne diese Maßnahme wäre die polizeiliche Aufgabe (zweifelsfreie IdF) gefährdet, womit die Voraussetzungen des § 80 Abs. 2 Nr. 2 VwGO vorliegen.

▶ **Zuständige Vollstreckungsbehörde – § 4 LVwVG**
Gem. § 4 LVwVG ist für die Vollstreckung die Behörde zuständig, die den Verwaltungsakt erlassen hat.

Damit sind im vorliegenden Sachverhalt die Beamten vor Ort auch für die Vollstreckung zuständig.

▶ **Androhung – § 20 LVwVG**
Das Zwangsmittel (hier wäre es für den Fall der Weigerung der UZW) soll vor seiner Anwendung schriftlich angedroht werden.

Die Polizeibeamten müssten das Zwangsmittel (UZW) schriftlich androhen, um es anwenden zu können.

▶ Vollstreckung bei Gefahr im Verzug – § 21 LVwVG
Von der schriftlichen Androhung kann gemäß § 21 LVwVG abgewichen werden, wenn bereits die öffentliche Sicherheit oder Ordnung gestört ist.

Da kein Zwangsmittel angewandt werden musste, ist dieser Punkt nicht relevant.

▶ Niederschrift – § 10 LVwVG
Nach § 10 Abs. 1 LVwVG ist über die Vollstreckungshandlung vom vollstreckenden Beamten eine Niederschrift anzufertigen.

Da sie nicht zur Anwendung gekommen ist, entfällt auch die Formbestimmung.

Ergebnis:

Bei der Aufforderung an den Jugendlichen, er solle zum Zwecke der Durchsuchung zum Streifenwagen gehen und seine Hände aufs Dach legen, handelt es sich um einen vollstreckbaren Verwaltungsakt.

Hinweis:
Bei der Fragestellung, ob es sich um einen vollstreckbaren Verwaltungsakt handelt, sind die Punkte 4.1 (Liegt ein Verwaltungsakt vor?) und 4.2 (Ist der Verwaltungsakt wirksam?) ebenfalls zu prüfen, es sei denn, dies wird bei der Fragestellung von vorneherein mit der Formulierung: „Gehen Sie davon aus, dass es sich um einen wirksamen VA handelt“ als gegeben vorausgesetzt.

Fall 13
Vollstreckung der Maßnahme (Verwaltungsakt) – Ersatzvornahme

Sachverhalt:

Es ist Samstagnacht gegen 23.00 Uhr. Sie fahren Streife mit Ihrem Kollegen im Revierbereich, als Sie den Auftrag erhalten, an die Fahrradbrücke in Konstanz zu fahren. Dort sollen sich mehrere Jugendliche aufhalten und mehrere Flaschen auf den Boden geworfen haben (Anmerkung: Dies stellt eine Ordnungswidrigkeit dar).
Als Sie an der Örtlichkeit eintreffen, stellen Sie Ihren Streifenwagen in einiger Entfernung ab und begeben sich zu Fuß auf die besagte Fahrradbrücke.

Sie können noch einen der beschriebenen Jugendlichen, Helge Maier, vor Ort feststellen.

Auf dem Boden liegen die Scherben mehrerer Glasflaschen. Sie stellen die Personalien des Herrn Maier fest und weisen ihn an, die Scherben aufzusammeln und in den dortigen Mülleimer zu werfen.

Herr Maier kommt Ihren wiederholten Aufforderungen, die Glasscherben aufzusammeln, nicht nach und meint: „Macht ihr das doch!".

Sie drohen ihm an, zur Reinigung des Gehweges die Arbeiter der Stadt Konstanz anzufordern. Er habe dann auch die Kosten der Gehwegreinigung zu tragen.

Daraufhin sammelt Herr Maier mürrisch und missgelaunt die auf dem Gehweg liegenden Glasscherben wieder auf und entsorgt sie in dem nahe gelegenen öffentlichen Mülleimer.

Aufgabe:
Erläutern und begründen Sie sachverhaltsbezogen, ob die **Androhung** der Anforderung der städtischen Arbeiter zur Reinigung des Gehweges rechtmäßig war.

Lösungsmöglichkeit:

4.1 Liegt ein Verwaltungsakt vor?

> **Merke:**
> Ein Verwaltungsakt (VA) liegt gemäß § 35 LVwVfG dann vor, wenn eine Behörde eine hoheitliche Maßnahme auf dem Gebiet des öffentlichen Rechts zur Regelung des Einzelfalls anordnet, die eine unmittelbare Rechtswirkung nach außen hat.

► Hoheitliche Maßnahme

Unter einer hoheitlichen Maßnahme versteht man die einseitig öffentlich-rechtliche Anordnung der Behörde. Entscheidend ist hier der Regelungsinhalt.

Im Sachverhalt ist dies die Aufforderung, die Flaschen bzw. Scherben aufzuheben und in den Mülleimer zu entsorgen. Der Jugendliche, als Adressat der Anordnung, hat die Anweisung zu befolgen (Subordination).

► Behörde

Unter Behörde versteht man jede Stelle, die öffentliche Verwaltungstätigkeit wahrnimmt (§ 1 Abs. 2 LVwVfG). Die Polizeibehörde nimmt öffentliche Verwaltungstätigkeit wahr.

Da der PVD gemäß § 59 PolG Teil der Polizei ist, nimmt er als solcher auch Aufgaben der öffentlichen Verwaltung wahr und ist deshalb auch Behörde i. S. d. LVwVfG. Die Beamten im vorliegenden Sachverhalt sind Angehörige des PVD.

► Gebiet des öffentlichen Rechts

Unter dem Begriff des Gebiets des öffentlichen Rechts versteht man die Abgrenzung zum Privatrecht.

Die Beamten treffen ihre Maßnahmen (Anmerkung: ggf. wurde dies schon vorher geprüft, dann direkter Verweis auf die Prüfung) gemäß § 1 Abs. 1 Satz 1 i. V. m. § 3 PolG und werden damit im Bereich des öffentlichen Rechts tätig.

► Regelung des Einzelfalls

Unter Regelung des Einzelfalls versteht man *in diesem Sachverhalt die Anordnung des PVD gegenüber dem Jugendlichen, Herrn Maier, der die Flaschen und Scherben entsorgen soll.* Diese Anordnung wurde vom PVD mit dem Willen auf Verbindlichkeit erlassen; sie erzeugt somit eine unmittelbare Rechtswirkung.

▶ Unmittelbare Rechtswirkung nach außen
Eine Außenwirkung liegt vor, wenn die Person, die die Anordnung betrifft, nicht einer Verwaltung angehört und es sich um eine natürliche Person handelt.

Der PVD richtet seine Anordnung gem. Sachverhalt an den Jugendlichen, Herrn Maier. Dieser gehört nicht einer Verwaltung an und es handelt sich bei Herrn Maier um eine natürliche Person. Zudem ändert sich seine Rechtsposition in seinem Grundrecht auf allgemeine Handlungsfreiheit; er kann sich für die Zeit der Kontrolle vom Kontrollort nicht entfernen.

Zwischenergebnis:

Es liegt ein Verwaltungsakt gemäß § 35 LVwVfG vor.

4.2 Ist der Verwaltungsakt wirksam?

▶ Wirksamkeit – § 43 Abs. 1 LVwVfG
Der VA ist ab dem Zeitpunkt wirksam, sobald er bekannt gegeben wurde.

Somit laut SV mit der Aufforderung an den Jugendlichen, die Flaschen und Scherben im Mülleimer zu entsorgen. Der Jugendliche hat auch verstanden, was der Beamte von ihm will, weil er antwortete: „Macht ***ihr*** *das doch!“.*

▶ Formfreiheit – § 37 Abs. 2 LVwVfG
Gemäß § 37 Abs. 2 LVwVfG ist der Verwaltungsakt an keine Form (mündlich, schriftlich, elektronisch oder in anderer Weise) gebunden.

Somit kann dieser, wie im vorliegenden Sachverhalt, auch mündlich ausgesprochen werden.

▶ Bestimmtheit – § 37 Abs. 1 LVwVfG
Der Verwaltungsakt muss gemäß § 37 Abs. 1 LVwVfG inhaltlich hinreichend bestimmt sein, d.h. der Betroffene muss erkennen, WER, WAS von WEM will.

Dies liegt im SV vor, da der Jugendliche den Beamten als Polizei (PVD) erkennt und der Beamte ihm auch klar angibt, was er tun soll, nämlich die Flaschen und Scherben aufzusammeln und ordnungsgemäß zu entsorgen. Somit ist der Bestimmtheitsgrundsatz erfüllt.

▶ Bekanntgabe – § 41 Abs. 1 LVwVfG
§ 41 Abs. 1 LVwVfG schreibt vor, dass der VA dem Betroffenen der Maßnahme bekannt zu geben ist.

Der VA wurde dem Jugendlichen gegenüber persönlich eröffnet und somit bekanntgegeben.

Zwischenergebnis:

Es liegt ein wirksamer Verwaltungsakt vor.

> **Merke:**
> Da die Aufforderung des PVD nicht befolgt wird, ist zu prüfen, ob der VA zwangsweise durchgesetzt (vollstreckt) werden kann.

4.3 Ist der Verwaltungsakt vollstreckbar?

Die Vollstreckung eines VA richtet sich nach dem LVwVG.

▶ Art und Weise der Vollstreckung – § 18 LVwVG
Verwaltungsakte, die zu einer Unterlassung, Handlung oder Duldung verpflichten, können mit Zwangsmittel vollstreckt werden.

Im Sachverhalt wurde H. Maier zu einer Handlung verpflichtet, nämlich die Glasscherben zu entsorgen. Dies kann, wenn nötig, mit Zwang vollstreckt werden.

▶ Allgemeine Voraussetzungen der Vollstreckung – § 2 LVwVG
VA können vollstreckt werden, wenn die aufschiebende Wirkung eines Rechtsbehelfs entfällt oder der VA unanfechtbar geworden ist.

▶ Widerspruch – § 70 VwGO
Ein VA ist unanfechtbar, wenn die Widerspruchsfrist gemäß § 70 VwGO verstrichen ist.
Gegen einen VA kann innerhalb eines Monats Widerspruch erhoben werden.

Im SV erhebt Herr Maier Widerspruch, da es klar wird, dass er nicht bereit ist, der Aufforderung, nämlich die Scherben zu entsorgen, Folge zu leisten. Die Widerspruchsfrist ist noch nicht verstrichen, da H. Maier gerade eben den Widerspruch erhoben hat, weshalb der VA noch nicht unanfechtbar ist.

▶ **Aufschiebende Wirkung – § 80 Abs. 1 VwGO**
Der Widerspruch hat eine aufschiebende Wirkung gemäß § 80 Abs. 1 VwGO. Deshalb kann der VA nicht vollstreckt werden. Dies bedeutet normalerweise, dass der VA nicht mit Zwang vollstreckt werden kann.

Aufgrund des von Herrn Maier erhobenen Widerspruchs könnte der VA nicht vollstreckt werden.

▶ **Entfall der aufschiebenden Wirkung – § 80 Abs. 2 Nr. 2 VwGO**
Die aufschiebende Wirkung entfällt bei unaufschiebbaren Maßnahmen des PVD. Dies liegt vor, wenn ohne Vornahme der Maßnahme die polizeiliche Aufgabe vereitelt oder gefährdet wäre.

Hier könnte die aufschiebende Wirkung entfallen, da die Aufforderung vom PVD, die Scherben aufzuheben, eine unaufschiebbare Maßnahme darstellt. Wenn die Polizeibeamten H. Maier nicht auffordern, die Scherben ohne jegliche Verzögerung aufzuheben, könnten sich daran evtl. andere Personen verletzen. Damit wäre die polizeiliche Aufgabe, nämlich Gefahrenabwehr und Störungsbeseitigung, gefährdet.

▶ **Zuständigkeit der Vollstreckung – § 4 LVwVG**
Die Vollstreckungsbehörde ist gemäß § 4 LVwVG die Behörde, die den VA erlassen hat. Sie ist auch für die Vollstreckung zuständig.

Im SV haben die Polizeibeamten den VA erlassen, somit sind sie sowohl für den VA als auch für dessen Vollstreckung zuständig.

Zwischenergebnis:

Es liegt ein vollstreckbarer VA vor.

5. Auswahl des richtigen Zwangsmittels und dessen Rechtmäßigkeit

Um das richtige Zwangsmittel zu wählen, muss zunächst geprüft werden, ob die angedrohte Maßnahme eine vertretbare oder eine unvertretbare Handlung darstellt.

▶ **Vertretbare Handlungen (im wörtlichen Sinne)**
Das sind Handlungen, die nicht nur durch den Betroffenen, sondern auch durch andere Personen durchgeführt werden können. Bei der vertretbaren Handlungspflicht kommen als Zwangsmittel Zwangsgeld, Zwangshaft und Ersatzvornahme in Betracht.

▶ **Unvertretbare Handlungen (im wörtlichen Sinne)**
Diese können nur durch die betroffene Person selbst oder an der betroffenen Person selbst durchgeführt werden. Eine Handlung, die zu einer persönlichen „Leistung“ verpflichtet („durch sich selbst, mit sich selbst, in sich selbst“).

Hier im Sachverhalt kann die Handlung, die Flaschen und Scherben aufheben und in den Mülleimer werfen, nicht nur ausschließlich durch den Herrn Maier ausgeführt werden, sondern auch durch die Polizei oder Dritte. Somit handelt es sich um eine vertretbare Handlung.
Deswegen kommen im Weigerungsfall die Androhung bzw. Durchsetzung der Ersatzvornahme in Betracht.

> **Merke:**
> Unvertretbare Handlungspflichten sind solche Handlungen, die nur durch eine Person selbst und nicht durch eine andere Person durchgeführt werden können (z. B. Platzverweis; hier kann sich lediglich die Person selbst entfernen, eine andere Person kann das nicht übernehmen). Bei der unvertretbaren Handlungspflicht kommt als Zwangsmittel lediglich unmittelbarer Zwang in Betracht.

5.1.1 Ersatzvornahme (§§ 25, 19, 20, 21, 10 LVwVG)

▶ **Ersatzvornahme – § 25 LVwVG**
Die Ersatzvornahme kann nur bei vertretbaren Handlungen durch Selbstvornahme (PVD) oder Fremdvornahme (hier: Stadt Konstanz) angewandt werden.

Die Scherben aufzuheben, ist eine vertretbare Handlung, denn es kann jemand anderes für Herrn Maier handeln und die Scherben aufheben.
Hier könnte die Stadt Konstanz für ihn handeln. Da er selbst handeln konnte, sich aber weigert, ist dieses Zwangsmittel das geeignetste, da die Gefahr – zwar durch jemand anderen – aber trotzdem beseitigt werden kann. Die Kosten würden jedoch dem Pflichtigen, also Herrn Maier, auferlegt.

▶ **Zwangsmittel – § 19 Abs. 1 LVwVG**
Hier sind die der Behörde zur Verfügung stehenden Zwangsmittel, nämlich Zwangsgeld, Zwangshaft, unmittelbarer Zwang und Ersatzvornahme, genannt.

Im SV wurde das Zwangsmittel Ersatzvornahme angewendet.

▶ **Mildestes Mittel – § 19 Abs. 2 LVwVG**
Das angewandte Mittel muss das mildeste sein.

Herrn Maier aufzufordern, die Scherben aufzuheben, ist das mildeste Mittel, da er so selbst handeln kann und keine Kosten entstehen.

▶ **Verhältnismäßigkeit – § 19 Abs. 3 LVwVG**
Das angewandte Mittel darf nicht außer Verhältnis zum Zweck der Vollstreckung stehen.

Die Androhung, die Stadtarbeiter zu rufen und in die Grundrechte von Herrn Maier einzugreifen, ist wesentlich milder, als wenn sich eine Person an den Scherben verletzen würde.

▶ **Androhung – § 20 LVwVG**
Die Ersatzvornahme sollte gemäß § 20 Abs. 1 LVwVG vor ihrer Anwendung schriftlich angedroht werden.

Ich müsste die Ersatzvornahme schriftlich androhen.

▶ **Vollstreckung bei Gefahr im Verzug – § 21 LVwVG**
Von der schriftlichen Androhung kann gemäß § 21 LVwVG abgewichen werden, wenn bereits die öffentliche Sicherheit oder Ordnung gestört ist.

Hier ist die öffentliche Sicherheit gestört, da Scherben bereits auf dem Boden liegen und eine Rechtsnorm verletzt wurde (KrWG). Deswegen kann ich die Androhung mündlich erlassen.

▶ **Niederschrift – § 10 LVwVG**
Über die Vollstreckungshandlung ist gemäß § 10 LVwVG eine Niederschrift zu fertigen.

Nach Ende des Einsatzes bin ich gehalten, in der Dienststelle eine Niederschrift in Form eines Vorkommnisses zu fertigen.

Ergebnis:

Die Androhung der Anforderung der städtischen Arbeiter zur Reinigung des Gehwegs war rechtmäßig.

Fall 14
Unmittelbare Ausführung einer Maßnahme

Sachverhalt:

Ein Fahrzeug steht mitten in der Nacht in einer unübersichtlichen Kurve einer viel befahrenen Straße. Es ist weit und breit niemand zu sehen. Der Halter ist telefonisch nicht erreichbar. Um einen Unfall zu vermeiden und die Sicherheit und Leichtigkeit des Verkehrs nicht unnötig zu beeinträchtigen, lassen die Polizeibeamten des Polizeireviers Göppingen den Pkw durch den Abschleppdienst abschleppen.

Aufgabe:
Erläutern und begründen Sie sachverhaltsbezogen, ob es sich bei dem Abschleppauftrag durch die Polizei um eine unmittelbare Ausführung einer Maßnahme handelt.

Hinweis:
Verwaltungsakte (VA), die nicht bekannt gegeben werden können, werden „Realakte" genannt. Rechtsgrundlage sind dann die Maßnahmen, die man bei Anwesenheit einer entsprechenden Person im Zusammenhang mit § 8 PolG verwendet hätte.
Ergibt sich aus dem Sachverhalt, dass es sich bei der Vollstreckung um einen Realakt handelt, so wird dieser im Klausurfall nach Ziffer 6 abgeprüft, als wäre die Person vor Ort.

Merke:
Hier konnte aus tatsächlichen Gründen (Fahrzeugführer nicht vor Ort/Zeitnot) kein VA erlassen bzw. bekannt gegeben werden. Trotzdem erfolgte eine Ersatzvornahme im Wege der Fremdvornahme.
In solchen Fällen muss ein Handeln der Polizei möglich sein. In Eil- bzw. Gefahrensituationen dürfen Zwangsmaßnahmen durchgesetzt werden, ohne dass vorher ein VA (Grundverfügung) erlassen bzw. ein Zwangsmittel angedroht wurde.

Lösungsmöglichkeit:

6. Unmittelbare Ausführung einer Maßnahme

▶ **Formelle Rechtmäßigkeit der Anordnung des Abschleppens des Pkw**
Nach § 59 PolG umfasst die Organisation der Polizei die Polizeibehörden und den PVD.

Der PVD unterfällt dem Begriff Polizei aus § 59 PolG.

Nach § 60 Abs. 1, 1. HS PolG sind für die Wahrnehmung der polizeilichen Aufgaben grundsätzlich die Polizeibehörden zuständig.

Die zuständige Polizeibehörde wäre normalerweise für die Anordnung des Abschleppens zuständig. Da es aber „mitten in der Nacht" ist, ist die Polizeibehörde nicht erreichbar.

Nach § 60 Abs. 2 PolG nimmt der PVD die polizeilichen Aufgaben wahr, wenn ein sofortiges Tätigwerden erforderlich erscheint.

Der PVD handelt beim Erteilen des Abschleppauftrags nach dieser Bestimmung, da der Pkw so schnell wie möglich aus dem Gefahrenbereich in der Kurve entfernt werden muss, um einen Unfall abzuwenden.

▶ **Materielle Rechtmäßigkeit der Anordnung des Abschleppens des Pkw**
Da für den Abschleppauftrag keine spezielle Ermächtigungsgrundlage vorliegt, richtet sich dieser nach dem Allgemeinauftrag i. S. d. §§ 1, 3 PolG.

▶ **Einzelner**
Jede natürliche Person von der Geburt bis zum Tod.

Das sind alle Verkehrsteilnehmer, die die Straße benutzen, auf der der gefahrverursachende Pkw in der Kurve steht.

▶ **Gefahr**
Gefahr ist die objektive, nicht entfernte Möglichkeit eines Schadenseintritts. Eine **Gefahr ist dann unmittelbar bevorstehend**, wenn ein Schaden nach allgemeiner Lebenserfahrung sofort oder in allernächster Zeit eintritt, wenn die Polizei nicht einschreitet. Hier besteht eine unmittelbar bevorstehende Gefahr.

Da es sich um eine viel befahrene Straße handelt, ist sofort oder in allernächster Zeit mit einem Aufprall auf den gefährdend geparkten Pkw zu rechnen.

▶ Öffentliche Sicherheit
Die öffentliche Sicherheit umfasst die Gesamtheit der geschriebenen Rechtsordnung sowie die Individualrechtsgüter (z.B. Leben, Gesundheit, körperliche Unversehrtheit).

Im Beispielfall sind Sicherheit und Leichtigkeit des Verkehrs (Allgemeinrechtsgut) sowie Leben und Gesundheit der Verkehrsteilnehmer bedroht. Eine Rechtsgutverletzung (Verstoß gegen § 12 StVO) liegt bereits vor.

▶ Öffentliches Interesse
Der Schutz von Gesundheit und Leben erfolgt im öffentlichen Interesse.

Öffentliches Interesse ist gegeben, da Schutzgüter der öffentlichen Sicherheit bedroht bzw. bereits gestört sind. Eine Verletzung öffentlichen Rechts (Verstoß gegen § 12 StVO) liegt bereits vor.

▶ Prüfung der besonderen Voraussetzungen des § 8 Abs. 1 Satz 1 PolG
§ 8 Abs. 1 Satz 1 PolG besagt, dass die unmittelbare Ausführung einer Maßnahme durch die Polizei nur zulässig ist, wenn der polizeiliche Zweck durch Maßnahmen gegen die in den §§ 6 und bezeichneten Personen nicht oder nicht rechtzeitig erreicht werden kann.

Da der Fahrzeugführer nicht vor Ort ist, eine Halterfeststellung und eine Verständigung des Fahrzeughalters mit einer nicht mehr vertretbaren Zeitverzögerung verbunden wäre (nicht rechtzeitig erreicht, s.o.), ist weder der Verhaltens- bzw. Zustandsstörer (Fahrzeugführer nach § 6 PolG bzw. § 7 PolG) noch der Zustandsstörer (Halter, § 7 PolG) erreichbar. Somit kann gegen diese beiden Adressaten (aus tatsächlichen Gründen) nicht bzw. nicht rechtzeitig ein vollstreckbarer Verwaltungsakt erlassen werden. Damit findet das Verwaltungsvollstreckungsverfahren keine Anwendung.

Folge ist, dass die Polizei nach § 8 PolG berechtigt wird, die Maßnahme unmittelbar selbst auszuführen, hier im Wege der Ersatzvornahme. d.h., der Abschleppdienst beseitigt das Fahrzeug aus der unübersichtlichen Kurve.

Nach § 8 Abs. 1 Satz 2 PolG ist der von der Maßnahme Betroffene unverzüglich zu unterrichten.

Es wird davon ausgegangen, dass der Fahrzeugführer bzw. Halter vom Abschleppen seines Pkw unverzüglich unterrichtet wurde.

Ergebnis:

Die Erteilung des Abschleppauftrags stellte eine unmittelbare Ausführung einer Maßnahme durch die Polizei dar.

Merke:
Unterscheidung Ersatzvornahme im Wege eines vollstreckbaren Verwaltungsakts oder Ersatzvornahme durch unmittelbare Ausführung einer Maßnahme durch die Polizei:
- Bei § 25 LVwVG: Der Verhaltens-/Zustandsstörer **w i l l** nicht …
- Bei § 8 PolG: Der Verhaltens-/Zustandsstörer **k a n n** nicht …

Hinweis:
Im Zusammenhang der formellen Zuständigkeit der Erteilung eines Abschleppauftrags wird unbedingt auf das Urteil des VGH Baden-Württemberg vom 17.06.2003, Az. 1 S 2025/01, hingewiesen (siehe Bemerkungen am Ende von Fall 4).

Fall 15
Vollstreckbarer Verwaltungsakt – Ersatzvornahme – Androhung

Sachverhalt (nach einem authentischen Geschehen):

Am verregneten Nachmittag des 12.11.2018 wird die Polizei in Nagold von einem Einwohner in Gültlingen, Lkrs. Calw, davon informiert, dass ein Landwirt beim Ausbringen von Kuhmist eine Straße gefährlich verschmutzt habe.

Auf Nachfrage erfährt der DGL, dass das landwirtschaftliche Anwesen direkt neben der K 4300 liege, die an dieser Stelle ein starkes Gefälle (12 %) aufweist und als untergeordnete Straße mit diesem Gefälle 20 m weiter in die Hauptstraße einmündet.

Der Anrufer meint, dass Pkw-Lenker durch den Mist auf der nassen und abschüssigen Straße beim Abbremsen an der Einmündung ins Schleudern geraten könnten.

Am Ereignisort bestätigen sich die Angaben. Der Landwirt Fritz Kohler belädt mit einem schwenkbaren Mistkran den auf der Straße stehenden Miststreuer. Durch dieses Beladen muss gelegentlich Mist aus den Greifarmen des Krans oder vom Miststreuer heruntergefallen sein.

Auf der nassen Kreisstraße liegt der Kuhmist reichlich und großflächig verteilt.

Die Streife, POM Brunner und PM Moser, weist den Landwirt auf diese Gefahrenquelle hin und bittet ihn, den auf der Straße liegenden Mist sofort zusammenzukehren und zu beseitigen.

Fritz Kohler entgegnet den Polizeibeamten, dass es nun bald Nacht werden würde, er noch zwei Wagenladungen auf die Felder ausbringen müsse und gerade keine Zeit hätte, das „bisschen Geraffel“ auf der Straße zusammenzufegen. Der starke Regen würde das schon die abschüssige Straße hinabspülen.

POM Brunner bittet den Landwirt, sich die verschmutzte Straße selbst anzuschauen, um sich ein Ausmaß von der Verunreinigung machen zu können. Der Landwirt kommt diesem Vorschlag missmutig nach, schlägt aber die zweite Aufforderung, die von der Streife solange mittels Blaulicht abgesicherte Gefällstrecke sofort zu reinigen, mit den Worten in den Wind: *„Ich will das j e t z t nicht machen, bei euch ist immer alles gleich so dramatisch und maßlos übertrieben. Die Polizei soll uns Bäuerle doch schaffen lassen!“*

POM Brunner fordert den Landwirt Fritz Kohler noch einmal deutlich auf, den auf der Straße verteilten Kuhmist zu beseitigen. Die Reinigung der Straße sei auf der Stelle erforderlich. Kohler will jedoch augenscheinlich mit dem Miststreuer auf seinen Acker fahren.

Daraufhin droht POM Brunner dem Landwirt unmissverständlich an, bei weiterer Weigerung den Bauhof der Stadt Wildberg zu verständigen, damit deren Mitarbeiter den Mist von der Straße beseitigen. Auch eröffnet er Herrn Kohler, dass dieser dann für sämtliche Kosten aufkommen müsse.

Fritz Kohler gelangt zur Einsicht und reinigt nunmehr die Straße, während die Streife den betroffenen Straßenabschnitt während der Reinigung sichert.

Aufgabe:
Erläutern und begründen Sie sachverhaltsbezogen, ob die Androhung der Vollstreckung der polizeilichen Maßnahme (den Mist beseitigen zu lassen) mit dem Zwangsmittel Ersatzvornahme zulässig war.

Hinweis:
Gehen Sie von einem wirksamen Verwaltungsakt aus.

Lösungsvorschlag:

4.3 Ist der Verwaltungsakt vollstreckbar?

► Art und Weise der Vollstreckung – § 18 LVwVG
Diese Bestimmung besagt, dass Verwaltungsakte, die zu einer Handlung, Unterlassung oder Duldung (ausgenommen Geldleistung) verpflichten, mit Zwangsmittel vollstreckt werden können.

Hier handelt es sich um keine Einforderung einer Geldleistung. Vielmehr stellt die Aufforderung an den Landwirt Kohler, den Mist zu beseitigen, eine Verpflichtung zur Handlung dar, die notfalls mit Zwang vollstreckt werden kann.

► Allgemeine Voraussetzung der Vollstreckung, Widerspruchsfrist – § 2 LVwVG, § 70 VwGO
Gemäß § 2 Nr. 2 LVwVG können Verwaltungsakte vollstreckt werden, wenn diese nach § 2 LVwVG unanfechtbar geworden sind oder die aufschiebende Wirkung eines Rechtsbehelfs entfällt.

Ein VA ist unanfechtbar, wenn die Widerspruchsfrist gem. § 70 VwGO verstrichen ist. Gegen einen VA kann innerhalb eines Monats Widerspruch erhoben werden.

Im Ausgangssachverhalt legt Kohler mündlich Widerspruch gemäß § 70 Abs. 1 VwGO gegen den Verwaltungsakt ein, indem er äußert, keine Zeit zu haben, die Straße zu säubern, und dass er die vorgegebene Verpflichtung „jetzt nicht machen will!"

Ein Verwaltungsakt ist immer dann unanfechtbar, wenn die Widerspruchsfrist von einem Monat abgelaufen ist.

Da Kohler unmittelbar nach „Erlass" des Verwaltungsakts durch POM Brunner Widerspruch eingelegt hat, ist die Widerspruchsfrist noch nicht abgelaufen und der Widerspruch rechtswirksam. Somit ist der Verwaltungsakt noch nicht unanfechtbar.

▶ Aufschiebende Wirkung – § 80 Abs. 1, 2 Nr. 2 VwGO
Widerspruch und Anfechtungsklage haben nun gemäß § 80 Abs. 1 VwGO zunächst aufschiebende Wirkung, d. h. der Verwaltungsakt kann nicht vollstreckt werden.
Die aufschiebende Wirkung (der Suspensiveffekt) eines Widerspruchs entfällt aber u. a. bei unaufschiebbaren Anordnungen und Maßnahmen des PVD, was in § 80 Abs. 2 Nr. 2 VwGO geregelt ist.

Hier liegt eine solche unaufschiebbare Maßnahme vor, da der polizeiliche Zweck bei einer Aufschiebung nicht erreicht würde (der polizeiliche Zweck ist die Wiederherstellung des ursprünglichen und sicheren Zustands der Straße). Unaufschiebbar heißt, wenn ohne Vornahme der Maßnahme der polizeiliche Zweck vereitelt oder gefährdet wäre.

Da somit nach § 80 Abs. 2 Nr. 2 VwGO die aufschiebende Wirkung des Widerspruchs von Kohler entfällt, ist der Verwaltungsakt augenblicklich vollstreckbar.

▶ Zuständige Vollstreckungsbehörde – § 4 LVwVG
Die Vollstreckungsbehörde ist laut § 4 LVwVG diejenige Behörde, die den Verwaltungsakt erlassen hat.

Dies ist hier der Polizeivollzugsdienst, namentlich POM Brunner und PM Moser. Der PVD ist somit auch für die Vollstreckung mittels Ersatzvornahme zuständig.

Zwischenergebnis:

Es liegt ein vollstreckbarer Verwaltungsakt vor.

5. Auswahl des richtigen Zwangsmittels und dessen Rechtmäßigkeit

Um das richtige Zwangsmittel zu wählen, muss zunächst geprüft werden, ob die angedrohte Maßnahme eine vertretbare oder eine unvertretbare Handlung darstellt.

▶ **Vertretbare Handlungen**
Das sind Handlungen, die nicht nur durch den Betroffenen, sondern auch durch andere Personen durchgeführt werden. Bei der vertretbaren Handlungspflicht kommen als Zwangsmittel Zwangsgeld, Zwangshaft und Ersatzvornahme in Betracht.

▶ **Unvertretbare Handlungen**
Die können nur durch die betroffene Person selbst oder an der betroffenen Person selbst durchgeführt werden.

Im Sachverhalt kann die Handlung, den Mist von der Straße zu entfernen, nicht nur durch Fritz Kohler ausgeführt werden, sondern auch durch die Polizei oder durch Dritte. Somit handelt es sich um eine vertretbare Handlung. Deswegen kommen im Weigerungsfall die Androhung bzw. Durchsetzung der Ersatzvornahme in Betracht.

Merke:
Unvertretbare Handlungspflichten sind Handlungen, die nur durch eine Person selbst (in eigener Person) und nicht durch eine andere Person durchgeführt werden können. Das ist eine Leistung, die nur sie selbst erbringen kann, z. B. die Wohnung nach einem Wohnungsverweis verlassen. Eine andere Person kann diese Handlungspflicht nicht übernehmen. Bei der unvertretbaren Handlungspflicht kommt als Zwangsmittel lediglich unmittelbarer Zwang in Betracht.

5.1.1 Ersatzvornahme (§§ 25, 19, 20, 21, 10 LVwVG)

▶ **Begriff der Ersatzvornahme – § 25 LVwVG**
Die Ersatzvornahme nach § 25 LVwVG kann dann zur Vollstreckung angewandt werden, wenn der VA zur Ausführung einer vertretbaren Handlung verpflichtet und der Adressat sich weigert, selbst zu handeln. Dies kann durch Eigenvornahme (PVD) oder Fremdvornahme (Beauftragung eines Dritten) geschehen.

Den Mist zu beseitigen, ist eine vertretbare Handlung im wörtlichen Sinne, denn diese Handlung kann nicht nur von F. Kohler selbst, sondern von jeder anderen Person durchgeführt werden. Kohler weigert sich zunächst, den Mist zu beseitigen, weshalb die Androhung der Ersatzvornahme durch den PVD erfolgt ist.

Zwangsmittel – § 19 LVwVG
§ 19 Abs. 1 LVwVG listet abschließend die der Behörde zur Verfügung stehenden Zwangsmittel auf: Zwangsgeld, Zwangshaft, Ersatzvornahme sowie unmittelbarer Zwang.

§ 19 Abs. 2 LVwVG verpflichtet zur Anwendung des mildesten Mittels. Der PVD droht die Anwendung des Zwangsmittels „Ersatzvornahme" an. Gemäß § 19 Abs. 3 LVwVG darf durch die Anwendung des Zwangsmittels auch kein Nachteil herbeigeführt werden, der erkennbar außer Verhältnis zum Zweck der Vollstreckung steht.

Durch die Ersatzvornahme einschließlich der damit verbundenen Kosten würde kein Nachteil für Fritz Kohler entstehen, der außer Verhältnis zum Zweck der Vollstreckung steht. Dadurch, dass der Mist beseitigt wird, stellt die Polizei die Sicherheit des Straßenverkehrs wieder her.

Zwangsgeld und Zwangshaft nach §§ 23, 24 LVwVG kommen aufgrund der zeitlichen Dringlichkeit als Zwangsmittel nicht in Frage.

Androhung – §§ 20, 21 LVwVG
Nach § 20 Abs. 1 LVwVG ist die Vollstreckungsbehörde verpflichtet, das Zwangsmittel (hier die Ersatzvornahme) vor seiner Vollstreckung schriftlich anzudrohen. Von der schriftlichen Androhung kann nach § 21 LVwVG abgesehen werden, soweit dies die Abwehr einer Gefahr/Störung der öffentlichen Sicherheit oder Ordnung erfordert.

Es liegt bereits eine Störung vor, da durch den Mist eine Gefahr für Verkehrsteilnehmer entstanden ist. Daher ist es ausreichend, wenn POM Brunner die Vollstreckung des Verwaltungsakts mündlich androht.

Niederschrift – § 10 LVwVG
Nach § 10 LVwVG hat die Streife über die Vollstreckungshandlung, die nicht schriftlich ergangen ist, eine Niederschrift zu fertigen.

Die Beamten haben auf dem Revier hierzu ein Vorkommnis zu fertigen.

Ergebnis:

Die Androhung der Ersatzvornahme war rechtmäßig.

Fall 16
Verwaltungsakt und unmittelbarer Zwang

Sachverhalt:

Sie sind beim Polizeirevier Böblingen im Praktikum und befinden sich heute gegen 09.00 Uhr mit ihrem Praxisausbilder auf Fußstreife im Revierbereich.

Um 09.05 Uhr erhalten Sie von der Wache folgenden Auftrag:

„Begeben Sie sich in die Feldbergstraße 4 in Böblingen zu Frau Maier. Dort soll seit einiger Zeit der 19-jährige Sohn der Anruferin ständig an deren Tür brüllen, mit den Fäusten an die Tür schlagen, klingeln und die Mutter um Einlass bitten. Die Mutter möchte ihren volljährigen Sohn nicht in die Wohnung lassen, da sie befürchtet, dass dieser mal wieder alkoholisiert und deswegen auch entsprechend aggressiv ist. Der Sohn heißt Frank Maier, wohnt zwei Straßen entfernt in der Ruhesteinstraße 13 und ist am 10.01.1999 geboren. Er ist bekleidet mit einer roten Baseball-Mütze, einer Bluejeans und einer grünen Jacke, außerdem führt er einen dunklen Rucksack mit sich. Die Mutter (Anruferin) Roswitha Maier muss dringend zur Arbeit gehen und traut sich nun nicht aus der Wohnung."

Sie begeben sich mit Ihrem Praxisausbilder zu der genannten Örtlichkeit und können schon von weitem den Ihnen beschriebenen Frank Maier erkennen, der heftig mit den Fäusten und Schuhen gegen die Haustüre „donnert", nach seiner Mutter schreit und in einem aggressiven Ton verlangt, dass sie ihm endlich die Tür aufmachen solle.

Es gelingt Ihnen und Ihrem Streifenpartner, sich unbemerkt der Person Maier anzunähern. Sofort nachdem Herr Maier von Ihnen angesprochen wurde, läuft dieser schwankend und immer wieder fast stolpernd weg. Sie fordern Herrn Maier mehrfach und lautstark auf: „Bleiben Sie sofort stehen, ansonsten wenden wir einfache körperliche Gewalt an." Frank Maier zeigt keine Reaktion und läuft torkelnd weiter.

Nach kurzer Verfolgung vereitelt Ihr Praxisausbilder, dass sich Herr Maier entfernt, indem er ihn am rechten Oberarm mittels Polizeigriff zu fassen bekommt. Frank Maier schreit vor Schmerzen laut auf und ruft: „Aua, das tut weh! Hilfe, lasst mich los, ihr Deppen!"

Bei der anschließenden Personenkontrolle gibt Ihnen der 19-jährige Frank Maier nach mehrmaligem Nachfragen in lallender, verwaschener und undeutlicher Sprache seine Personalien an. Er erklärt Ihnen nach wiederholtem Nachfragen, dass er wirklich keinen Bundespersonalausweis mit sich führe.

Obwohl er unter Alkoholeinfluss steht, kann er Ihre Worte verstehen und den Anweisungen, wenn auch verzögert, Folge leisten.

Herr Maier leert bei der Personenkontrolle ungeschickt den kompletten Inhalt seines Rucksacks auf den Gehweg, um Ihnen zu demonstrieren, dass er tatsächlich keinen BPA dabei habe. Hierbei gehen mehrere leere Bierflaschen, die sich in dem Rucksack befanden, zu Bruch. Auf dem Gehweg liegen nun unzählige Glasscherben. Sie fordern Herrn Maier auf, die Glasscherben unverzüglich aufzuheben. Herr Maier weigert sich störrisch und offensichtlich vehement uneinsichtig mit den Worten: „Warum soll ich die blöden Scherben jetzt aufheben? Hättet ihr nicht gestresst und meinen Ausweis verlangt, wäre das alles nicht passiert!" Herr Maier kommt Ihren wiederholten Aufforderungen, die Glasscherben aufzusammeln, nicht nach. Sie drohen ihm an, zur Reinigung des Gehweges die Arbeiter der Stadt Böblingen anzufordern. Er habe dann auch die Kosten der Gehwegreinigung zu tragen.

Daraufhin sammelt Herr Maier mürrisch und missgelaunt die auf dem Gehweg liegenden Glasscherben auf und entsorgt sie in einem nahe gelegenen öffentlichen Mülleimer.

Im weiteren Gespräch erzählt Ihnen Herr Maier, der plötzlich deprimiert wirkt und fast zu weinen anfängt, dass er derzeit pleite sei, aber dringend Geld benötige, um seinen Lebensunterhalt bestreiten zu können.

Seinen Fluchtversuch erklärt er damit, dass er plötzlich Angst bekommen hatte, als er die Polizei entdeckt habe. Sein Bundespersonalausweis befindet sich in der unweit entfernten eigenen Wohnung. Sie gehen mit Frank Maier zu dessen Wohnung und lassen sich dort von ihm seinen BPA aushändigen.

Aufgaben:

1. Erläutern und begründen Sie sachverhaltsbezogen, ob die **Androhung** der Anforderung der städtischen Arbeiter zur Reinigung des Gehwegs rechtmäßig war.
2. Erläutern und begründen Sie sachverhaltsbezogen, ob das Festhalten des Herrn Maier mittels Polizeigriff nach den §§ 49 ff. PolG (mit VwV zum PolG) rechtmäßig war.

Lösungsvorschlag Aufgabe 1:

4.3 Ist der Verwaltungsakt vollstreckbar?

▶ Art und Weise der Vollstreckung – § 18 LVwVG
Verwaltungsakte (VA), die zu einer Unterlassung, Handlung oder Duldung verpflichten, können mit Zwangsmittel vollstreckt werden.

Im Sachverhalt (SV) wurde H. Maier zu einer Handlung verpflichtet, nämlich die Glasscherben aufzuheben. Dies kann, wenn nötig, mit Zwang vollstreckt werden.

▶ Allgemeine Voraussetzungen der Vollstreckung – § 2 LVwVG
VA können vollstreckt werden, wenn die aufschiebende Wirkung eines Rechtsbehelfs entfällt oder der VA unanfechtbar geworden ist.

▶ Widerspruchsfrist – § 70 VwGO
Ein VA ist unanfechtbar, wenn die Widerspruchsfrist gemäß § 70 VwGO verstrichen ist.
Gegen ein VA kann innerhalb eines Monats ein Widerspruch erhoben werden.

Im SV erhebt H. Maier Widerspruch, da es klar wird, dass er nicht bereit ist, unserer Aufforderung, nämlich die Scherben aufzuheben, Folge zu leisten. Die Widerspruchsfrist ist noch nicht verstrichen, da H. Maier gerade eben Widerspruch erhoben hat, weshalb der VA noch nicht unanfechtbar ist.

▶ Aufschiebende Wirkung – § 80 Abs. 1, 2 Nr. 2 VwGO
Der Widerspruch hat eine aufschiebende Wirkung gemäß § 80 Abs. 1 VwGO. Deshalb kann der VA nicht vollstreckt werden. Dies bedeutet normal, dass der VA nicht mit Zwang vollstreckt werden kann.

Aufgrund des von H. Maier erhobenen Widerspruchs könnte der VA nicht vollstreckt werden.

Die aufschiebende Wirkung entfällt nach § 80 Abs. 2 Nr. 2 VwGO bei unaufschiebbaren Maßnahmen des PVD. Dies liegt vor, wenn ohne Vornahme der Maßnahme die polizeiliche Aufgabe vereitelt oder gefährdet wäre.

Hier entfällt die aufschiebende Wirkung, da unsere Aufforderung, die Scherben aufzuheben, eine vom PVD (von uns) unaufschiebbare Maßnahme darstellt. Wenn wir H. Maier nicht auffordern, die Scherben aufzuheben, könnten sich damit evtl. andere Personen verletzen, weshalb die polizeiliche Aufgabe, nämlich Gefahrenabwehr und Störungsbeseitigung, gefährdet wäre.

▶ **Zuständige Vollstreckungsbehörde – § 4 LVwVG**
Die Vollstreckungsbehörde ist gemäß § 4 LVwVG die Behörde, die den VA erlassen hat. Sie ist auch für die Vollstreckung zuständig.

Im SV haben wir den VA erlassen, somit sind wir für den VA sowie dessen Vollstreckung zuständig.

Zwischenergebnis:

Es liegt ein vollstreckbarer VA vor.

5.1 Rechtmäßigkeit des angewandten Zwangsmittels

5.1.1 Ersatzvornahme (§§ 25, 19, 20, 21, 10 LVwVG)

▶ **Begriff der Ersatzvornahme – § 25 LVwVG**
Die Ersatzvornahme kann nur bei vertretbaren Handlungen angewendet werden durch Selbstvornahme (PVD) oder Fremdvornahme (Stadt Böblingen). Die Scherben aufzuheben, ist eine vertretbare Handlung, denn es kann jemand anders für H. Maier handeln und die Scherben aufheben.

Hier könnte die Stadt Böblingen für ihn handeln. Da er selbst handeln konnte, sich aber weigert, ist dieses Zwangsmittel das tauglichste, da die Gefahr zwar durch jemand anders, aber trotzdem beseitigt werden kann. Die Kosten würden jedoch dem Pflichtigen, also H. Maier, auferlegt.

▶ **Zwangsmittel – § 19 LVwVG**
§ 19 Abs. 1 LVwVG listet abschließend die der Behörde zur Verfügung stehenden Zwangsmittel auf: nämlich Zwangsgeld, Zwangshaft, unmittelbarer Zwang und Ersatzvornahme.
Das angewandte Mittel muss gemäß § 19 Abs. 2 LVwVG das Mildeste sein.

H. Maier aufzufordern, die Scherben aufzuheben, ist das mildeste Mittel, da er so selbst handeln kann und keine Kosten entstehen.

Gemäß § 19 Abs. 3 LVwVG darf das angewandte Mittel nicht außer Verhältnis zum Zweck der Vollstreckung stehen.

Im SV wurde das Zwangsmittel Ersatzvornahme angewendet.

Die Androhung, die Stadtarbeiter anzufordern, um die Scherben zu entfernen und ggf. dafür eine Gebühr bei Maier einzutreiben, wiegt weniger schwer als der Anspruch der Allgemeinheit auf das Rechtsgut Sicherheit und Leichtigkeit des Verkehrs.

▶ Androhung – §§ 20, 21 LVwVG
Die Ersatzvornahme sollte gemäß § 20 Abs. 1 LVwVG vor ihrer Anwendung schriftlich angedroht werden.

Ich müsste die Ersatzvornahme schriftlich androhen.

Von der schriftlichen Androhung kann gemäß § 21 LVwVG abgewichen werden, wenn bereits die öffentliche Sicherheit oder Ordnung gestört ist.

Diese ist gestört, da Scherben bereits auf dem Boden liegen und eine Rechtsnorm (KrWG) verletzt wurde. Deswegen kann ich die Androhung mündlich erlassen.

▶ Niederschrift – § 10 LVwVG
Über die Vollstreckungshandlung ist gemäß § 10 LVwVG eine Niederschrift zu fertigen.

Nach Ende des Einsatzes muss ich in der Dienststelle eine Niederschrift in Form eines Vorkommnisses fertigen.

Ergebnis:

Die Androhung der Anforderung der städtischen Arbeiter zur Reinigung des Gehwegs war rechtmäßig.

Lösungsvorschlag Aufgabe 2:

5.1.2 Unmittelbarer Zwang

▶ Anwendung – § 49 Abs. 2 PolG
Die Polizei wendet das Zwangsmittel unmittelbaren Zwang (UZW) nach den Vorschriften des PolG an.

Mein Praxisausbilder und ich sind Angehörige des PVD und somit Teil der Polizei.

▶ Begriff und Mittel – § 50 PolG/VwV zu § 50 PolG

UZW ist jede Einwirkung auf Personen oder Sachen durch einfache körperliche Gewalt, Hilfsmittel der körperlichen Gewalt oder Waffengebrauch, die gemäß § 50 Abs. 2 PolG ausschließlich vom Innenministerium bestimmt werden.

Im Sachverhalt (SV) wendet mein Praxisausbilder UZW in Form eines Polizeigriffes an, der unter den Begriff einfache körperliche Gewalt fällt.

▶ Zuständigkeit – § 51 PolG

Die Anwendung des UZW obliegt den Beamten des PVD.

Im SV sind wir Angehörige des PVD und können somit UZW anwenden.

VwV zu § 51 PolG

Der Polizeibeamte, der UZW anwendet, trägt die Verantwortung für die Anwendung und die Rechtmäßigkeit des UZW.

Mein Praxisausbilder wendet UZW an und ist somit selbst für diesen verantwortlich.

▶ Polizeilicher Zweck nicht erreichbar – § 52 Abs. 1 PolG

UZW darf nur angewandt werden, wenn der polizeiliche Zweck auf andere Weise nicht erreichbar erscheint. Andere Weise meint jedes für den Betroffenen weniger einschneidende Mittel.

Im SV ist es der polizeiliche Zweck, Herrn Maiers Flucht zu verhindern. Wir haben ihn bereits mehrfach und lautstark dazu aufgefordert, stehen zu bleiben, jedoch zeigte Herr Maier keine Reaktion, sondern torkelte weiter. Daraufhin vereitelt mein Praxisausbilder den Fluchtversuch mit Hilfe des Polizeigriffs. Der Polizeigriff war nach der erfolglosen Aufforderung das nächst mildere, noch taugliche Mittel, die Flucht zu verhindern.

▶ Sachvorrang – § 52 Abs. 1 Satz 2 PolG

Der UZW soll, wenn möglich, zunächst gegen Sachen angewendet werden.

Im SV sind keine geeigneten Sachen vorhanden, gegen die UZW angewandt werden könnte.

▶ Besondere VHM – § 52 Abs. 1 Satz 3 PolG

Ferner muss das angewandte Mittel nach Art *(= Polizeigriff)* und Maß *(= bis die Flucht verhindert wurde, kein Übermaß erkennbar)* dem Verhalten, Alter und Zustand des Betroffenen angemessen sein.

Herr Maier verhält sich unkooperativ, ignoriert unsere Aufforderungen und versucht, vor uns zu flüchten. Er ist 19 Jahre alt und gehört somit keiner besonders zu berücksichtigenden Altersgruppe an. Sein Zustand ist nach den Schilderungen im Sachverhalt als aggressiv, konfliktbereit sowie alkoholisiert zu bezeichnen.

Das Anwenden des Polizeigriffs war demnach verhältnismäßig. Die besondere VHM wurde ausreichend beachtet.

▶ Androhung – § 52 Abs. 2 PolG
UZW ist nach Möglichkeit vor seiner Anwendung anzudrohen.

Wir fordern Herrn Maier mehrfach und lautstark auf: „Bleiben Sie sofort stehen, ansonsten wenden wir einfache körperliche Gewalt an."

VwV zu § 52 Abs. 2 PolG
Der UZW darf nicht angedroht werden, wenn er nicht zulässig ist.

Im SV war der UZW zulässig, somit durften wir ihn auch androhen.

▶ Übermaßverbot – § 52 Abs. 3 PolG
UZW darf nicht mehr angewandt werden, wenn der polizeiliche Zweck erreicht ist oder durch die Anwendung von UZW nicht erreicht werden kann.

Mein Praxisausbilder hat den Polizeigriff (UZW) angewandt, um Herrn Maiers Flucht zu stoppen. Als dieses Ziel erreicht war, hat er den Polizeigriff nicht mehr angewandt.

▶ Gefährdung Unbeteiligter – VwV zu § 52 Abs. 1 Satz 1 PolG
Bei der Anwendung des UZW ist eine Gefährdung unbeteiligter Personen nach Möglichkeit zu vermeiden.

Der Polizeigriff wurde nur gegen Herrn Maier angewandt. Somit war eine Gefährdung Unbeteiligter im SV nicht vorhanden.

Ergebnis:

Die Anwendung des UZW war rechtmäßig.

Fall 17
Unmittelbarer Zwang – Anwendung Pfefferspray

Sachverhalt:

Am 20.10.2018, 22.35 Uhr, erhalten Sie den Auftrag, einen blauen VW Golf, amtl. Kennzeichen KN-AX 123, zugelassen auf Martin Mann, geb. 01.01.1974/Konstanz, zu überprüfen, der auf der B 33 von Konstanz in Richtung Allensbach in starken „Schlangenlinien" fahren soll.

Des Weiteren wird Ihnen mitgeteilt, dass der Pkw mit einer Person besetzt ist. Diese habe dunkle kurze Haare, Brille und sei ca. 40 Jahre alt.

Auf Höhe der Kindlebildkreuzung können Sie das Fahrzeug entdecken und zu ihm aufschließen. Das Fahrzeug fährt mehrere Male deutlich über die Mittellinie und in den Randbereich der Fahrbahn. Sie schalten Ihr Blaulicht und Ihre Anzeige mit „Stopp Polizei" ein und blenden, nachdem der Fahrer darauf nicht reagiert, mehrfach mit dem Fernlicht auf. Erst nach mehreren Minuten bemerkt Sie der Fahrzeugführer und fährt sein Fahrzeug an den rechten Fahrbahnrand in eine Einbuchtung.

Sie gehen auf das Fahrzeug zu und führen zunächst eine Verkehrskontrolle durch. Hierbei stellen Sie fest, dass der Fahrer, Herr Mann, stark alkoholisiert ist. Er händigt Ihnen Führerschein und Zulassungsbescheinigung Teil I aus.

Anschließend bieten Sie ihm einen Atemalkoholtest an. Herr Mann versucht den Test durchzuführen, was ihm jedoch nicht gelingt.

Nach mehreren fehlgeschlagenen Versuchen eröffnen Sie ihm, dass Sie ihn nun zur Überprüfung der Atemalkoholkonzentration mit zur Dienststelle nehmen werden. Falls erforderlich, würden Sie die Maßnahme auch mit unmittelbarem Zwang, in Form von einfacher körperlicher Gewalt, durchsetzen. Hierauf reagiert Herr Mann äußerst ungehalten und entgegnet Ihnen, dass er nirgendwo freiwillig hingehen werde. Dazu müsste man ihn schon zuvor totschlagen.

Ein erneuter Versuch, ihn zum Mitkommen zum Dienstfahrzeug zu bewegen, schlägt fehl. Hierauf ergreift Ihr Streifenpartner den Arm des Herrn Mann, um ihn zum Dienst-Kfz mitzunehmen. Herr Mann versucht jedoch vehement, seinen Arm wieder aus dem Polizeigriff zu befreien, was ihm letztendlich auch gelingt. Herr Mann versucht anschließend zu flüchten. Hierbei rennt er drohend auf Sie zu. Um die Flucht bzw. einen eventuellen Angriff zu verhindern und Herrn Mann habhaft zu werden, sprühen Sie ihm aus ihrem mitgeführten Pfefferspray einen Sprühstoß ins Gesicht. Daraufhin sackt Herr

Mann zusammen. Ihr Kollege und Sie können ihm die Handschließen anlegen und ins Dienst-Kfz verbringen.

Aufgabe:
Erläutern und begründen Sie sachverhaltsbezogen, ob die Anwendung von Pfefferspray gemäß §§ 49 ff. PolG rechtmäßig war!

Hinweis:
Die Überprüfung der Alkoholisierung des Fahrers stellt eine Maßnahme nach der StPO dar. Die StPO kennt jedoch keine Zwangsmittel, sondern lehnt sich hierbei an das PolG an. Daher dürfen Zwangsmittel aus dem PolG angewendet werden. Die Anwendung von Pfefferspray ist die Anwendung des UZW in Form von Waffengebrauch.

Lösungsvorschlag:

§§ 49 ff. PolG regeln die Anwendung von UZW.

5.1.2 Unmittelbarer Zwang

▶ **Anwendung – § 49 Abs. 2 PolG**
Danach wendet die Polizei, also auch der PVD, unmittelbaren Zwang (UZW) nach den Vorschriften des PolG an.

Mein Streifenpartner und ich sind Angehörige des PVD und wenden den UZW somit nach den Vorschriften des PolG an.

▶ **Begriff – § 50 PolG/VwV zu § 50 PolG**
Unmittelbarer Zwang ist jede Einwirkung auf Personen oder Sachen durch einfache körperliche Gewalt, Hilfsmittel der körperlichen Gewalt oder Waffen (§ 50 Abs. 1 PolG), die ausschließlich vom Innenministerium bestimmt werden (§ 50 Abs. 2 PolG i. V. m. VwV zu § 50 Abs. 2 PolG).

Mein Kollege und ich verwenden im Sachverhalt das Pfefferspray (RSG), das im Sinne der VwV eine Waffe darstellt, allerdings aufgrund seiner relativ milden Wirkung im Gegensatz zu der Schusswaffe unter den Voraussetzungen der Hilfsmittel der körperlichen Gewalt angewendet wird.

▶ **Zuständigkeit – § 51 PolG**
Die Anwendung von UZW obliegt ausschließlich den Beamten des PVD.

Mein Kollege und ich sind für die Anwendung des Pfeffersprays zuständig, da wir dem PVD angehören.

VwV zu § 51
Der Beamte, der UZW anwendet, ist auch für diesen selbst verantwortlich.

Hier sind mein Kollege und ich für die Rechtmäßigkeit und die Anwendung des UZW in Form von Pfefferspray verantwortlich.

▶ **Polizeilicher Zweck nicht erreichbar – § 52 Abs. 1 PolG**
Die Anwendung von UZW ist nur zulässig, wenn der polizeiliche Zweck auf andere Weise nicht erreichbar erscheint. Unter „andere Weise" versteht man jedes weniger einschneidende Mittel, das dem PVD zur Verfügung steht.

Im Sachverhalt haben wir Herrn Mann mehrfach erfolglos unter Androhung von UZW aufgefordert, mit zur Dienststelle zu kommen. Zunächst wendete mein Kollege einen Polizeigriff (einfache körperliche Gewalt) an, aus dem Herr Mann sich jedoch wieder befreit und zu fliehen versucht. Ein Angriff auf uns lag nicht fern.

Deshalb wurde dann durch mich das Pfefferspray eingesetzt, da die Festnahme und das Verbringen zur Dienststelle auf andere Weise nicht möglich gewesen wäre.

▶ **Sachvorrang – § 52 Abs. 1 Satz 2 PolG**
Der UZW soll, wenn möglich, zunächst gegen Sachen angewendet werden.

Ein UZW gegen Sachen ist hier nicht tauglich, da damit der polizeiliche Zweck nicht erreicht werden kann.

▶ **Besondere VHM– § 52 Abs. 1 Satz 3 PolG**
Das angewandte Mittel muss nach Art, *hier Einsatz von Pfefferspray,* und Maß, *ein einzelner Sprühstoß in das Gesicht des Herrn Mann, um seine Flucht zu verhindern,* dem Verhalten, Alter und Zustand des Betroffenen angemessen sein.

Herr Mann verhält sich renitent/unkooperativ und aggressiv, er hat sich schon aus einem Polizeigriff befreit und versucht zu flüchten (Verhalten). Herr Mann ist laut SV mittleren Alters, ca. 40 Jahre alt und gehört somit keiner besonders zu berücksichtigenden Altersgruppe an, bei der man den UZW besonders altersentsprechend abwägen müsste. Herr Mann ist stark alkoholisiert, es kann laut SV aber davon ausgegangen werden, dass er unsere Anweisungen verstehen kann (Zustand).

Somit haben wir diese „besondere VHM" beachtet.

▶ Androhung – § 52 Abs. 2 PolG
UZW ist, soweit es die Umstände zulassen, vor seiner Anwendung anzudrohen.

Herrn Mann wurde der UZW in Form von einfacher körperlicher Gewalt angedroht. Eine Androhung des Pfeffersprays war aufgrund des Fluchtversuchs des Herrn Mann zeitlich nicht mehr möglich. Somit haben es die Umstände nicht zugelassen, explizit das Pfefferspray anzudrohen.

VwV zu § 52 Abs. 2 PolG
UZW darf nur angedroht werden, wenn seine Anwendung auch zulässig ist.

Da der UZW hier zulässig war, die Maßnahme auf andere Weise nicht durchgeführt werden konnte, durfte er auch angedroht werden.

▶ Übermaßverbot – § 52 Abs. 3 PolG
Das Übermaßverbot gemäß § 52 Abs. 3 PolG besagt, dass die Anwendung von UZW zu beenden ist, wenn der polizeiliche Zweck erreicht ist oder durch UZW nicht erreichbar erscheint.

Im SV wurde einmal mit dem RSG gesprüht, um die Flucht, einen Angriff zu verhindern. Anschließend war das Festhalten möglich und es kam zu keinem weiteren Einsatz des RSG mehr.

▶ Gefährdung Unbeteiligter – VwV zu § 52 Abs. 1 PolG
Eine Gefährdung Unbeteiligter ist nach Möglichkeit zu vermeiden.

Es gab laut SV keine Unbeteiligten in der Nähe, die durch den Einsatz des Pfeffersprays hätten gefährdet werden können.

Ergebnis:

Die Anwendung des Pfeffersprays war rechtmäßig.

> **Merke:**
> Da die Fragestellung lediglich die Überprüfung des Einsatzes von Pfefferspray verlangt, wird bei der Bearbeitung des Sachverhalts die einfache körperliche Gewalt, in Form des Ergreifens des Arms, und die Fesselung vor dem Transport außer Acht gelassen.

Beachte:

Würde die Fragestellung hier die Überprüfung der rechtmäßigen Anwendung der Fesseln verlangen, so würde sich die Bearbeitung von Anfang an konkret auf diese beziehen. **Zusätzlich** müssten innerhalb des Prüfungsschemas nach der Prüfung des Sachvorrangs nach § 52 Abs. 1 PolG und vor der Prüfung der besonderen VHM nach § 52 i. V. m. der VwV zum PolG die vorliegenden Fesselungsgründe genannt und auf den Sachverhalt angewendet werden. Sind mehrere Gründe vorhanden (wie im vorliegenden Fall), so sind diese alle zu nennen und auf den Sachverhalt zu beziehen.

Gemäß VwV zu § 52 PolG kann eine Person dann gefesselt werden, wenn
(a) die Person Widerstand leistet,
(b) mit Widerstand der Person zu rechnen ist,
(c) eine Selbst- oder Fremdgefährdung vorliegt,
(d) Fluchtverdacht besteht oder
(e) besondere Transportumstände vorliegen.

Aufgabenalternative:

Erläutern und begründen Sie sachverhaltsbezogen, ob die Fesselung erforderlich gewesen war!

Lösungsvorschlag:

Nach der VwV zu § 52 PolG ist die Polizei berechtigt, einer Person Fesseln anzulegen, wenn diese Widerstand leistet.

Hier hat Herr Mann Widerstand geleistet, indem er sich aus dem Armgriff meines Kollegen entrissen hat.

Eine Fesselung ist auch dann möglich, wenn mit Widerstand zu rechnen ist. Im Sachverhalt hat Herr Mann geäußert, dass „er nirgendwo freiwillig hingehen werde. Dazu müsste man ihn schon zuvor totschlagen." Er hat sich gegenüber uns renitent (widersetzlich) verhalten. Aufgrund des ersten Befreiungsversuchs aus dem Armgriff ist damit zu rechnen, dass er erneut Widerstand leisten wird.

Das Fesseln einer Person ist auch dann zulässig, wenn Fluchtverdacht besteht.

Herr Mann hat sich aus dem Armgriff meines Kollegen befreit und versuchte zu flüchten, was ich nur durch den Einsatz des RSG verhindern konnte. Es ist also damit zu rechnen, dass er erneut versuchen wird zu fliehen.

Die Verwendung der Fesseln ist zulässig, wenn „besondere Transportumstände“ bestehen.

Diese liegen hier ebenfalls vor, da bei betrunkenen Personen mit starken und schnellen Stimmungsschwankungen gerechnet werden muss, was unter „besondere Transportumstände“ fällt.

Ergebnis:

Somit liegen hier mehrere Gründe für eine Fesselung des Herrn Mann vor.

Fall 18
Unmittelbarer Zwang – Androhung Schusswaffengebrauch

Sachverhalt:

Am 24.10.2018 sind Sie mit Ihrem Streifenpartner in Ihrem Revierbereich in Stuttgart auf Streife.

In dieser Zeit ereignet sich ein Raubüberfall, bei dem ein Geschäftsmann gegen 22.00 Uhr von einem fremden Mann mit einer Pistole bedroht und zur Herausgabe seiner Brieftasche mit 1500 Euro Bargeld gezwungen wurde (Verbrechenstatbestand).

Sie erhalten über Funk eine genaue Personenbeschreibung des Täters, die von dem Opferzeugen den am Tatort sachbearbeitenden Polizeibeamten mitgeteilt wurde. Der Opferzeuge erinnert sich noch ganz genau, dass der Täter Anfang zwanzig war und braune Stoppelhaare hatte. Des Weiteren gab er gegenüber dem Beamten vor Ort an, dass der Täter an beiden Ohrläppchen auffallend mehrere große Ohrringe sowie sogenannte „Tunnels" in Schwarz trug und am Hals eine große Tätowierung in Form eines Tribals hatte, die bis zum Beginn der linken Wange reichte. Ferner trug der Mann ein schwarzes T-Shirt mit der gelben Aufschrift: Lotto.

Gegen 22.30 Uhr betreten Sie mit Ihrem Kollegen im Rahmen der Fahndung die noch geöffnete Bahnhofsgaststätte, in der sich ca. 10 Gäste befinden. An der Theke sehen Sie einen ca. 20-jährigen Mann, auf den die Personenbeschreibung exakt zutrifft, und der auch das auffallende T-Shirt trägt.

Sie erklären ihm die vorläufige Festnahme und fordern ihn auf, sich auszuweisen. Er gibt an, dass seine Ausweispapiere im Auto liegen würden, das am Parkplatz abgestellt sei. Auf dem Weg dorthin beginnt er plötzlich loszurennen. Sie nehmen die Verfolgung auf. Während der Verfolgung erkennen Sie, dass Sie ihn nicht mehr einholen können. Sie drohen ihm den Schusswaffengebrauch mit folgendem Wortlaut an: *„Halt, Polizei! Stehen bleiben oder ich schieße!"*

Der Flüchtende bleibt daraufhin stehen und Sie können ihn festnehmen.

Aufgabe:
Erläutern und begründen Sie sachverhaltsbezogen, ob die Androhung des Schusswaffengebrauchs rechtmäßig war.

Hinweis:
Hier wurden Maßnahmen nach der StPO durchgeführt – vorläufige Festnahme eines Straftäters. Die StPO kennt jedoch (bis auf § 81c Abs. 6 StPO) keine Zwangsmittel. Die Maßnahmen der StPO können jedoch auch mit Zwang durchgesetzt werden. Um den gesetzlichen Vorschriften, insbesondere der VHM, gerecht zu werden, werden hier analog die Vorschriften zum UZW aus dem PolG geprüft. Sehr ausführliche und exzellente Ausführungen zum unmittelbaren Zwang bei der Durchsetzung strafprozessualer Maßnahmen sind nachzulesen in *Kramer*, Grundlagen des Strafverfahrensrechts, 8. Auflage, 2014, Kapitel A (Einführung), II. Rechtsquellen des Strafverfahrensrecht. Dort wird am Beispiel eines Schusswaffengebrauchs unter Fußnoten 11a bis 11d der UZW StPO-rechtlich gewürdigt.

Lösungsvorschlag:

Der Einsatz der Pistole ist eine Anwendung des unmittelbaren Zwangs in Form des Schusswaffengebrauchs.

5.1.2 Unmittelbarer Zwang (UZW)

▶ **Anwendung – § 49 Abs. 2 PolG**
Danach wendet die Polizei, also auch der PVD, unmittelbaren Zwang (UZW) nach den Vorschriften des PolG an.

Mein Streifenpartner und ich sind Angehörige des PVD und wenden den UZW somit nach den Vorschriften des PolG an.

▶ **Begriff und Mittel – § 50 PolG/VwV zu § 50 PolG**
Unmittelbarer Zwang ist jede Einwirkung auf Personen oder Sachen, *hier auf den flüchtenden Tatverdächtigen*, durch einfache körperliche Gewalt, Hilfsmittel der körperlichen Gewalt oder Waffengebrauch (§ 50 Abs. 1 PolG), die ausschließlich vom Innenministerium bestimmt werden (§ 50 Abs. 2 PolG i. V. m. VwV zu § 50 Abs. 2 PolG).

Die verwendete Pistole ist in der VwV zu § 50 Abs. 2 PolG als zulässige Schusswaffe aufgeführt.

▶ **Zuständigkeit – § 51 PolG/VwV zu § 51 PolG**
Die Anwendung von UZW obliegt ausschließlich den Beamten des PVD.

Mein Kollege und ich sind als Angehörige des PVD zur Anwendung der Schusswaffe berechtigt.

Der Beamte, der UZW anwendet, ist auch für diesen eigenverantwortlich.

Hier sind mein Kollege und ich für die Rechtmäßigkeit und die Anwendung des UZW in Form des Schusswaffengebrauchs verantwortlich.

Polizeilicher Zweck nicht erreichbar – § 52 Abs. 1 PolG
Die Anwendung von UZW ist nur zulässig, wenn der polizeiliche Zweck auf andere Weise nicht erreichbar erscheint. Unter „andere Weise" versteht man jedes weniger einschneidende Mittel, das dem PVD zur Verfügung steht.

Der Tatverdächtige rennt weg, seine Identität ist bislang unbekannt und zum jetzigen Zeitpunkt sind auch keine anderen Anhaltspunkte für eine weitere Fahndung vorhanden. Ein Zuruf, stehen zu bleiben, wurde von ihm ignoriert. Andere Mittel (Art), wie zum Beispiel der Polizeigriff oder das Pfefferspray, sind hier nicht geeignet, da der TV ja bereits weggerannt ist und es mir und meinem Kollegen nicht gelang, ihn einzuholen; der Abstand hat sich zusätzlich immer weiter vergrößert. Die Anwendung von einfacher körperlicher Gewalt sowie der Einsatz von Pfefferspray würden hier keinen Erfolg zur Festnahme des TV mehr versprechen.

Sachvorrang – § 52 Abs. 1 Satz 2 PolG
Der polizeiliche Zweck soll, wenn möglich, zunächst gegen Sachen angewendet werden.

Im vorliegenden Sachverhalt gab es keine Sache, auf die mein Streifenpartner und ich hätten einwirken können.

Hinweis:
Die §§ 53 und 54 PolG sind die zentralen Bestimmungen für die Anwendung des SWG gegen den flüchtenden Mann. Nach § 53 Abs. 1 PolG müssen zunächst die allgemeinen Voraussetzungen für die Anwendung des unmittelbaren Zwangs nach § 52 PolG vorliegen. Somit wird zunächst das bei der Prüfung von UZW-Fällen gewohnte Prüfungsschema abgearbeitet, bevor auf den Schusswaffengebrauch weiter eingegangen wird.

Besondere VHM – § 52 Abs. 1 Satz 3 PolG
Das angewandte Mittel muss nach Art, *hier die Androhung, dass die Schusswaffe eingesetzt wird*, und Maß, *einmalige Androhung*, dem Verhalten, Alter und Zustand des Betroffenen angemessen sein.

Der Schusswaffengebrauch war auch dem Verhalten des Tatverdächtigen angepasst, da er eines Verbrechens verdächtig war und er nach seiner Festnahme flüchtete. Der Schusswaffengebrauch war auch dem Zustand und dem Alter des Tatverdächtigen angemessen, da aus dem Sachverhalt keine Hinweise zu erkennen sind, dass der Tatverdächtige eine behinderte Person oder anderweitig körperlich eingeschränkt sein könnte. Im Gegenteil: Durch seine Flucht zeigt er, dass er fit ist, und laut Personenbeschreibung des Geschädigten und dem Eindruck, den sie von der Person gewinnen konnten, ist der Tatverdächtige ca. 20 Jahre alt.

Somit haben wir diese „besondere VHM" beachtet.

► Androhung – § 52 Abs. 2 PolG i. V. m. VwV zu § 53 Abs. 1 Nr. 5 PolG
Der Schusswaffengebrauch ist, soweit es die Umstände zulassen, vor seiner Anwendung anzudrohen. Mögliche Formulierungen sind hierbei der VwV zu entnehmen.

Im Sachverhalt wurde der Schusswaffengebrauch gemäß § 52 Abs. 2 PolG i. V. m. VwV zu § 53 Abs. 1 Nr. 5 PolG, wie in der VwV gefordert, durch Zuruf mit den Worten „Halt, Polizei! Stehen bleiben oder ich schieße!" angedroht.

VwV zu § 52 Abs. 2 PolG
UZW darf nur angedroht werden, wenn seine Anwendung auch zulässig ist.

Wie nachfolgend geprüft wird, wäre die Anwendung des Schusswaffengebrauchs zulässig gewesen. Folglich war somit auch seine Androhung zulässig.

> **Hinweis:**
> Die Androhung eines Zwangsmittels ist der Anwendung gleichzusetzen. Dies bedeutet, dass kein Zwangsmittel angedroht werden darf, das nicht auch angewendet werden darf!

► Übermaßverbot – § 52 Abs. 3 PolG
Das Übermaßverbot gemäß § 52 Abs. 3 PolG besagt, dass die Anwendung von UZW zu beenden ist, wenn der polizeiliche Zweck erreicht ist oder durch UZW nicht erreichbar erscheint.

Da der polizeiliche Zweck, das Anhalten des Tatverdächtigen bzw. dessen Festnahme, nach einmaligem Zuruf erreicht wurde, darf nun nicht mehr ein weiterer Schusswaffengebrauch angedroht werden. Das Übermaßverbot wurde somit beachtet.

▶ **Gefährdung Unbeteiligter – VwV zu § 52 Abs. 1 PolG**
Eine Gefährdung Unbeteiligter ist nach Möglichkeit zu vermeiden.

Es gab laut SV keine Unbeteiligten in der Nähe, die durch den Einsatz der Schusswaffe hätten gefährdet werden können.

> **Hinweis:**
> Bei der Verwendung der Schusswaffe ist nach der Prüfung des unmittelbaren Zwangs nach Prüfungsschema Punkt 5.1.2 der Schusswaffengebrauch in seinen Voraussetzungen nochmals genauer zu prüfen.
> Abschließend wird **erneut** die Verhältnismäßigkeit geprüft.

Bei Schusswaffengebrauch zusätzlich:

Voraussetzungen für die Anwendung des Schusswaffengebrauchs – §§ 53, 54 PolG

▶ **Sonstige Mittel erfolglos – § 53 Abs. 1 i. V. m. § 52 PolG**
Der Schusswaffengebrauch ist zudem nur zulässig, wenn die Anwendung von einfacher körperlicher Gewalt keinen Erfolg verspricht.

Da der TV bereits flüchtig ist, kann einfache körperliche Gewalt nicht mehr angewandt werden.

Des Weiteren muss geprüft werden, ob andere mitgeführte Einsatzmittel, wie zum Beispiel die mitgeführte Hiebwaffe oder das Pfefferspray, bereits erfolglos angewandt worden sind oder deren Anwendung keinen Erfolg verspricht.

Da der TV bereits flüchtig ist, kann die Hiebwaffe nicht mehr erfolgversprechend eingesetzt werden. Aus dem SV ist nicht erkennbar, ob die Hiebwaffe mitgeführt wurde oder nicht. Ebenso verspricht die Anwendung von Pfefferspray bei einem Flüchtenden keinen Erfolg mehr, da das Pfefferspray ins Gesicht (Augen) des Gegenübers gesprüht werden muss, um eine Wirkung bei diesem zu erzielen.

▶ **Besondere Fallgruppen – § 54 Abs. 1 PolG i. V. m. VwV zu § 54 Abs. 1 PolG**
Zusätzlich muss beim Schusswaffengebrauch eine Fallgruppe (1. bis 4. Fallgruppe) des § 54 Abs. 1 PolG vorliegen.

Im vorliegenden Sachverhalt trifft die Fallgruppe § 54 Abs. 1 Nr. 3 c PolG zu, da dem Tatverdächtigen die vorläufige Festnahme nach § 127 Abs. 2 StPO bereits erklärt wurde.

Gemäß § 54 Abs. 1 Nr. 3 c PolG darf die Schusswaffe, *hier die Androhung des Schusswaffengebrauchs*, nur gebraucht werden zur Wiederergreifung einer Person, *hier des Tatverdächtigen*, die sich bereits im amtlichen Gewahrsam befand. *Hier wurde dem Tatverdächtigen bereits die vorläufige Festnahme nach der StPO erklärt und anschließend flüchtete er. Der Tatverdächtige befand sich wegen des dringenden Verdachts eines Verbrechens zuvor im amtlichen Gewahrsam (hier Oberbegriff für jede hoheitliche Freiheitsentziehung und nicht nur Gewahrsam i. S. v. § 28 PolG). Aufgrund der genau zutreffenden Personenbeschreibung besteht der dringende Verdacht, dass die flüchtende Person diejenige Person ist, die um 22 Uhr den Raub begangen hatte. Ein Raub ist ein Verbrechen, da im StGB eine Freiheitsstrafe von einem Jahr oder mehr angedroht wird, bei schwerem Raub sogar nicht unter fünf Jahren.*

▶ **Finaler Rettungsschuss – § 54 Abs. 2 PolG i. V. m. VwV PolG**
Die Vorschriften für den finalen Rettungsschuss kommen hier nicht zum Tragen.

▶ **Androhung – § 52 Abs. 2 PolG i. V. m. VwV zu § 53 Abs. 1 Nr. 5 PolG**
Der Schusswaffengebrauch ist vorher durch Rufen, die entschlossene Schießhaltung und im äußersten Notfall durch einen Warnschuss anzudrohen.

Im Sachverhalt wurde, wie in der VwV gefordert, durch Zuruf mit den Worten „Halt, Polizei! Stehen bleiben oder ich schieße!" angedroht (siehe oben).

▶ **Unbeteiligte – § 52 Abs. 2 PolG**
Der Schusswaffengebrauch ist nicht zulässig, wenn erkennbar Unbeteiligte mit hoher Wahrscheinlichkeit gefährdet werden.

Es gab laut SV keine Unbeteiligten in der Nähe, die durch den Einsatz der Schusswaffe hätten gefährdet werden können (siehe oben).

Ebenfalls darf der Schusswaffengebrauch gegenüber Kindern oder Hilflosen nur unter besonderen Voraussetzungen durchgeführt werden.

In diesem SV handelt es sich weder um ein Kind (ca. 20 Jahre alter TV) noch um eine hilflose Person. Somit wurde das Anwendungsverbot beachtet.

▶ **Übermaßverbot – § 52 Abs. 3 PolG**

Das Übermaßverbot gemäß § 52 Abs. 3 PolG besagt, dass die Anwendung von UZW, *hier die Androhung der Schusswaffe*, zu beenden ist, wenn der polizeiliche Zweck erreicht ist oder durch UZW nicht erreichbar erscheint.

Da der polizeiliche Zweck, das Anhalten des Tatverdächtigen bzw. dessen Festnahme nach einmaligem Zuruf erreicht wurde, darf nun nicht mehr ein weiterer Schusswaffengebrauch angedroht werden. Das Übermaßverbot wurde somit beachtet (s.o.).

Abschließende ausführliche Prüfung der VHM nach § 5 PolG

▶ **Geeignet**

Nach § 5 Abs. 1 PolG ist jede Maßnahme geeignet, die objektiv tauglich ist, um das polizeiliche Ziel zu erreichen.

Der Tatverdächtige war eines Verbrechens verdächtig und er ist nach seiner Festnahme geflüchtet. Das polizeiliche Ziel, das Anhalten des Tatverdächtigen bzw. dessen Festnahme, konnte durch die einmalige Androhung des Schusswaffengebrauchs erreicht werden.

▶ **Mildestes Mittel**

Gemäß § 5 Abs. 1 PolG muss, wenn mehrere Mittel zur Auswahl stehen, das mildeste Mittel angewandt werden.

Wie bereits oben geprüft, waren eine Ansprache sowie einfache körperliche Gewalt, Hiebwaffe und Pfefferspray nicht erfolgversprechend. Lediglich die Androhung und Durchführung des Schusswaffengebrauchs standen zur Verfügung. Hiervon war die Androhung das mildere Mittel.

▶ **VHM im engeren Sinn**

Bei der VHM im engeren Sinn nach § 5 Abs. 2 PolG sind die zu schützenden Rechtsgüter mit den durch die Polizei begangenen Grundrechtseingriffen und dem Strafverfolgungsanspruch des Staates bei Verbrechen und dem Schutz der Bürger vor weiteren Raubüberfällen abzuwägen.

Der Tatverdächtige war eines Verbrechens (Raub ist ein Verbrechen, da im StGB eine Freiheitsstrafe von nicht unter einem Jahr angedroht wird) verdächtig, und er ist nach seiner Festnahme geflüchtet.

Ein Zuruf, stehen zu bleiben, wurde von ihm ignoriert. Andere Mittel sind, wie bereits geprüft, hier nicht geeignet.

Der Abstand zum Tatverdächtigen hat sich zusätzlich immer weiter vergrößert. Da eine Androhung der Schusswaffe dem Gebrauch gleichzusetzen ist, stellt sich die Frage, wie wir durch eine Anwendung in die körperliche Unversehrtheit des Tatverdächtigen eingreifen würden. Ein Schuss mit der Dienstwaffe würde gegebenenfalls schwere Verletzungen mit sich bringen, jedoch ist die Person einer schweren Straftat dringend verdächtig.

Wir haben also lediglich die Wahl, die Schusswaffe anzudrohen oder die Person flüchten zu lassen, mit der Gefahr, dass sie u. U. weitere Verbrechen begeht. Erfahrungsgemäß sind solche Raubüberfälle oft Serientaten.

Da es sich bei der Tat um ein schweres Verbrechen handelt, ist der Strafverfolgungsanspruch des Staates höher wiegend als der Eingriff in die körperliche Unversehrtheit.

Ergebnis:

Die Androhung des Schusswaffengebrauchs war rechtmäßig.

Fall 19
Unmittelbarer Zwang – Schusswaffengebrauch

Sachverhalt:

Am regnerischen Samstagnachmittag im September 2018 teilt ein Anrufer dem Polizeirevier Lahr Folgendes mit:

„Auf dem Spielplatz Froschberg befindet sich seit einer halben Stunde ein Mann, der sich merkwürdig verhält. Er läuft dort mit einem bulligen Hund auf und ab und schaut hin und wieder auf sein Handy. Das ist niemand, der auf dem Spielplatz ist, um dort mit Kindern zu spielen. Ich denke auch, er wartet nicht auf jemand, der mit Kindern kommt. Mir kommt der Mann verdächtig vor."

(Auf Nachfrage gibt der Anrufer folgende Personenbeschreibung):

Der Mann ist ca. 30 Jahre alt, sehr groß und sehr kräftig. Landläufig bezeichnet man solche Menschen ja als „Kleiderschrank". Seine Haare hat er als Zopf zusammengebunden. Er ist mit einer ärmellosen Lederjacke bekleidet, darunter trägt er ein langärmeliges dunkles Hemd, abgetragene Jeans mit einem auffallend breiten Gürtel. Der Mann hat einen schwarzen, bulligen Hund bei sich."

Der Anrufer vermutet, dass der Mann möglicherweise auf jemand warten würde, da er auf und ab läuft und öfters sein Mobiltelefon bedient.

Sie und Ihr Kollege, PK Schillinger, werden vom Dienstgruppenleiter gebeten, den sich verdächtig verhaltenden Mann auf dem Kinderspielplatz zu überprüfen. Ihnen ist bekannt, dass sich dort in letzter Zeit auch Spätaussiedler aufgehalten haben, die dort zechten, Wodka-Flaschen zerschlugen und in betrunkenem Zustand Passanten anpöbelten.

Am Spielplatz angekommen, scheint der Mann von Ihrem Eintreffen überrascht zu sein. Er hält sich als einziger auf dem Spielplatz auf und die Personenbeschreibung trifft auf ihn zu, zumal ein Staffordshire-Terrier neben ihm steht.

Als Sie ihm mitteilen, dass seine Identität festgestellt werden soll, läuft der Staffordshire-Terrier auf Sie zu und beginnt zu knurren. Sie fordern den Hundehalter auf, das Tier sofort an die Leine zu nehmen; bei einem Angriff durch das Tier drohen Sie den Schusswaffengebrauch gegen den Hund an.

Der Mann (der später als Frank Hanebüchen identifiziert wird) entgegnet mit aggressivem Tonfall: „Attila frisst keinen bull-shit, haut ab, ihr Abziehbilder!"

Da der Hund Ihnen bedrohlich nahe kommt (Abstand unter drei Meter), ruft PK Schillinger noch einmal: „Den Hund sofort an die Leine, oder ich schieße auf ihn!“

Als Frank Hanebüchen nur höhnisch grinst und der Staffordshire-Terrier weiter auf die bereits zurückweichende Streife zuläuft, wird der Hund von PK Schillinger mit der Dienstpistole erschossen.

Aufgabe:
Erläutern und begründen Sie sachverhaltsbezogen, ob die Anwendung der Schusswaffe gemäß §§ 49 ff. PolG rechtmäßig war!

Lösungsvorschlag:

5.2.1 Unmittelbarer Zwang

▶ Anwendung – § 49 Abs. 2 PolG
Danach wendet die Polizei, also auch der PVD, unmittelbaren Zwang (UZW) nach den Vorschriften des PolG an.

Mein Streifenpartner und ich sind Angehörige des PVD und wenden den UZW somit nach den Vorschriften des PolG an.

§ 52 Abs. 4 PolG
Über die Anwendung von UZW ist eine Niederschrift gemäß § 10 LVwVG zu fertigen.

▶ Begriff und Mittel – § 50 PolG/VwV zu § 50 PolG
Unmittelbarer Zwang ist jede Einwirkung auf Personen oder Sachen durch einfache körperliche Gewalt, Hilfsmittel der körperlichen Gewalt oder Waffen (§ 50 Abs. 1 PolG), die ausschließlich vom Innenministerium bestimmt werden (§ 50 Abs. 2 PolG i. V. m. VwV zu § 50 Abs. 2 PolG).

PK Schillinger verwendet die Schusswaffe, die im Sinne der VwV eine Waffe darstellt.

▶ Zuständigkeit – § 51 PolG
Die Anwendung von UZW obliegt ausschließlich den Beamten des PVD.

Mein Kollege und ich sind zum Gebrauch der Schusswaffe gesetzlich berechtigt.

VwV zu § 51 PolG
Der Beamte, der UZW anwendet, ist auch für diesen eigenverantwortlich.

Hier sind mein Kollege und ich für die Rechtmäßigkeit und die Anwendung des UZW in Form des Schusswaffengebrauchs verantwortlich.

▶ **Polizeilicher Zweck nicht erreichbar – § 52 Abs. 1 PolG**
Die Anwendung von UZW ist nur zulässig, wenn der polizeiliche Zweck auf andere Weise nicht erreichbar erscheint. Unter „auf andere Weise" versteht man jedes weniger einschneidende Mittel, das dem PVD zur Verfügung steht.

Im Sachverhalt hatte der Hund bereits Anstalten gemacht, die Streife anzugreifen. Auf die Aufforderung, ihn anzuleinen, hat der Halter des Hundes nicht reagiert. Die Anwendung milderer Mittel, wie zum Beispiel des Pfeffersprays, erscheint aufgrund des direkten Angriffs durch den aggressiven Hund nicht tauglich, weil wir nicht wissen, ob er durch das Pfefferspray augenblicklich „kampfunfähig" gemacht werden kann. Der polizeiliche Zweck, die Identitätsfeststellung des verdächtigen Mannes, konnte auf andere Weise nicht erreicht werden.

▶ **Sachvorrang – § 52 Abs. 1 Satz 2 PolG**
Der polizeiliche Zweck soll, wenn möglich, zunächst gegen Sachen angewendet werden.

Man spricht hier vom sogenannten Sachvorrang. Bei der Verwendung der Schusswaffe gegen den Hund handelt es sich um einen Einsatz von UZW gegen Sachen, da der Hund nach § 90 a BGB einer Sache gleichzusetzen ist. Also wurde der sogenannte Sachvorrang beachtet.

▶ **Besondere VHM – § 52 Abs. 1 Satz 3 PolG**
Das angewandte Mittel muss nach Art, *hier Einsatz der Schusswaffe*, und Maß, *ein einzelner Schuss, um den Angriff auf mich zu verhindern*, dem Verhalten, Alter und Zustand des Betroffenen angemessen sein.

Adressat des UZW ist stets eine natürliche Person (der Mann soll zur Erbringung einer „Leistung" [hier der IdF] veranlasst werden, die nur ***er selbst*** *und niemand anderes erbringen kann). Auch dann, wenn sich der UZW („über die Sache") nur mittelbar gegen ihn richtet, wie hier.*

Frank Hanebüchen verhält sich renitent/unkooperativ und aggressiv. Er macht keine Anstalten, den Hund an die Leine zu nehmen. Er beleidigt die

Streife, verhöhnt sie, und er nimmt billigend in Kauf, dass sein Hund die Beamten attackiert (Verhalten).

Hanebüchen ist laut SV mittleren Alters, ca. 30 Jahre alt und gehört somit keiner besonders zu berücksichtigenden Altersgruppe an, bei der man den UZW besonders anpassen muss (Alter). Er ist auch in der Lage, die beabsichtigte und erklärte Maßnahme (IdF) zu verstehen und hat auch sehr wohl unsere Anweisungen verstanden (Zustand).

Somit hat PK Schillinger diese „besondere VHM" beachtet.

▶ Androhung – § 52 Abs. 2 PolG
UZW ist, soweit es die Umstände zulassen, vor seiner Anwendung anzudrohen.

Dem Hundehalter wurde der UZW deutlich und verständlich angedroht.

VwV zu § 52 Abs. 2 PolG
UZW darf nur angedroht werden, wenn seine Anwendung auch zulässig ist.

Der UZW war hier zulässig, die IdF konnte auf andere Weise nicht durchgeführt werden.

▶ Übermaßverbot – § 52 Abs. 3 PolG
Das Übermaßverbot gemäß § 52 Abs. 3 PolG besagt, dass die Anwendung von UZW zu beenden ist, wenn der polizeiliche Zweck erreicht ist oder durch UZW nicht erreichbar erscheint.

Im SV wurde der Hund mit einem Schuss getötet. Ein milderes Mittel, wie zum Beispiel das RSG, war aufgrund der Hunderasse, der unberechenbaren Tierpsyche, dem offensichtlichen Attackieren und der Nähe zur Streife nicht möglich und auch nicht erfolgversprechend.

▶ Gefährdung Unbeteiligter – VwV § 52 Abs. 1 PolG
Eine Gefährdung Unbeteiligter ist nach Möglichkeit zu vermeiden.

Es gab laut SV keine Unbeteiligten in der Nähe, die durch den Einsatz der Schusswaffe hätten gefährdet werden können. Es ist ein verregneter Mittag und Hanebüchen war allein auf dem Spielplatz.

▶ Voraussetzungen des Schusswaffengebrauchs – § 53 PolG

Nach Absatz 1 ist der Schusswaffengebrauch nur zulässig, wenn die allgemeinen Voraussetzungen für die Anwendung unmittelbaren Zwangs vorliegen und wenn einfache körperliche Gewalt sowie verfügbare Hilfsmittel der körperlichen Gewalt oder mitgeführte Hiebwaffen erfolglos angewandt worden sind oder ihre Anwendung offensichtlich keinen Erfolg verspricht. Auf Personen darf erst geschossen werden, wenn der polizeiliche Zweck durch Waffenwirkung gegen Sachen nicht erreicht werden kann.

Der Schusswaffengebrauch richtet sich gegen den Hund, der rechtlich eine Sache darstellt. Daher ist § 53 PolG zu prüfen.

Im Sachverhalt liegen die allgemeinen Voraussetzungen für die Anwendung des UZW vor – diese sind oben geprüft worden. Ebenso wurde festgestellt, dass einfache körperliche Gewalt oder verfügbare Hilfsmittel der körperlichen Gewalt etc. bei ihrer Anwendung keinen Erfolg versprechen. Pfefferspray und Hiebwaffe sind keine tauglichen Mittel, um einen Kampfhund „außer Gefecht zu setzen". Das wäre eine UZW-Anwendung mit völlig ungewissem Ausgang, so dass diese milderen Mittel von vornherein ausgeschlossen werden können.

Der Schusswaffengebrauch gegen den Hund (als Sache) war somit auch nach § 53 PolG gerechtfertigt.

Nach Absatz 2 ist der Schusswaffengebrauch unzulässig, wenn erkennbar Unbeteiligte mit hoher Wahrscheinlichkeit gefährdet werden.

Da außer dem Hundehalter (er ist Verhaltensstörer/Zustandsstörer) niemand auf dem Spielplatz ist und der SV über weitere Unbeteiligte keine Auskunft gibt, ist dieser Absatz im zu prüfenden Sachverhalt hinfällig. Es gibt keine erkennbar Unbeteiligten, die durch den SWG gegen den Hund mit hoher Wahrscheinlichkeit gefährdet werden.

VwV zu § 53 PolG

Der Schusswaffengebrauch gegen Sachen ist auf das erforderliche Mindestmaß zu beschränken.

Die Streife kam auch diesem Gebot des „Übermaßverbots" nach. Das Mindestmaß beschränkte sich auf die Abgabe (nur) eines Schusses auf den Hund, der tödlich wirkte.

Abschließende ausführliche Prüfung der VHM nach § 5 PolG:

Geeignet

Nach § 5 Abs. 1 PolG ist jede Maßnahme geeignet, die objektiv tauglich ist, um das polizeiliche Ziel zu erreichen.

Der Kampfhund wurde vom Verhaltensstörer Hanebüchen mittelbar dafür benutzt, eine IdF seiner Person bzw. weitere Folgemaßnahmen zu erschweren oder zu vereiteln.

Die IdF war nur möglich, wenn sie ohne erhebliche Gesundheitsgefahr für die Beamten erfolgen kann. Daher war der Schusswaffengebrauch gegen den Kampfhund das einzig taugliche Mittel, ihn als vorsätzlich in den Weg gestelltes Hindernis zu beseitigen. Die Maßnahme war somit objektiv tauglich, um das polizeiliche Ziel, die erforderliche IdF, erreichen zu können.

Mildestes Mittel

Gem. § 5 Abs. 1 PolG muss, wenn mehrere Mittel zur Auswahl stehen, das mildeste Mittel angewandt werden.

Wie bereits oben geprüft, waren einfache körperliche Gewalt, Hiebwaffe und Pfefferspray nicht erfolgversprechend. Lediglich die Androhung und Durchführung des Schusswaffengebrauchs versprachen einen wirksamen Erfolg.

VHM im engeren Sinn

Bei der VHM im engeren Sinn nach § 5 Abs. 2 PolG sind die zu schützenden Rechtsgüter des Mannes mit den durch die Polizei bewirkten Grundrechtseingriffen bei ihm abzuwägen.

Bei Frank Hanebüchen soll eine IdF erfolgen, was ein vergleichsweise geringer Grundrechtseingriff ist. Möglicherweise hätte man bei ihm die Vorbereitung/Begehung einer Straftat festgestellt. Eine Aufforderung, den Hund anzuleinen, wurde von ihm ignoriert. Andere Mittel sind, wie bereits geprüft, hier nicht geeignet.

Der Kampfhund kam den Beamten immer näher und stellte eine erhebliche Gefahr dar. Möglicherweise nahm Hanebüchen es in Kauf, dass der Hund die Beamten angreift und somit seine IdF verhindert wird.

Die Streife hatte also lediglich die Wahl, auf die IdF zu verzichten oder durch Androhung des Schusswaffengebrauchs gegen das Tier auf den Handlungsstörer einzuwirken. Es war aus Gründen der öffentlichen Sicherheit nicht hinzunehmen, die verdächtige Person unkontrolliert gehen zu lassen.

Da es sich einerseits um eine verdächtige Person handelt und u. U. um die Verhinderung oder Aufklärung einer Straftat und den Schutz von Leib oder Leben der einschreitenden Streife, ist das Interesse der Allgemeinheit an der Gefahrenabwehr des Staates höher wiegend als der Eingriff bei Hanebüchen in das Recht auf informationelle Selbstbestimmung bzw. Eigentum (Tier) durch dessen Tötung.

Ergebnis:

Die Anwendung der Schusswaffe ist rechtmäßig erfolgt.

Hinweis der Autoren:

Die VwV führt zum UZW gegen Sachen zu § 53 PolG Folgendes aus:

3. Auch der Schusswaffengebrauch gegen Sachen ist auf das erforderliche Mindestmaß zu beschränken. **Ist dabei die Verletzung einer Person wahrscheinlich, ist er nur zulässig, wenn die Voraussetzungen für den Schusswaffengebrauch gegen Personen vorliegen.** Dies ist insbesondere beim Schusswaffengebrauch gegen fahrende Fahrzeuge zu berücksichtigen. [...]

Deshalb ist im vorliegenden Sachverhalt zu klären, ob tatsächlich eine Verletzung des Hundebesitzers wahrscheinlich ist.

Da sich der Hund zum Zeitpunkt der Schussabgabe in weniger als 3 Meter Abstand zu den Beamten befand, aber nichts über die tatsächliche Position des Hundebesitzers aus dem Sachverhalt hervorgeht, kann eine solche Gefährdungswahrscheinlichkeit zwar nicht abschließend beurteilt werden. Es ist aber wohl davon auszugehen, dass auf diese Entfernung ein Hund relativ sicher getroffen werden kann, ohne den Hundebesitzer zu gefährden. Von daher ist unseres Erachtens eine Prüfung des § 53 PolG ausreichend, könnte bei so unklarem Sachverhalt jedenfalls nicht zum Nachteil des Polizeischülers ausgelegt werden.

In der Praxis dürften sich die Sachverhalte in Bezug auf die Position des Hundebesitzers und einer sich hieraus ergebenden Gefährdung eindeutiger gestalten.

Im Ergebnis bleibt festzuhalten, dass § 54 PolG nur zu prüfen ist, wenn eine Verletzung des Hundebesitzers wahrscheinlich ist.

Je geringer der Abstand zwischen Hund und seinem Besitzer und je größer die Schussentfernung, umso wahrscheinlicher ist eine Verletzung. Sollte

§ 54 PolG zu prüfen sein, wären im vorliegenden Sachverhalt wohl die Voraussetzungen aus Absatz 1 Ziff. 1 gegeben.

Nachfolgend ein Beispiel aus der Praxis, das zeigt, dass solche Situationen nicht unrealistisch sind. In diesem Beispiel wurde die Schusswaffe von einer jungen PMAin im Praktikum besonnen eingesetzt.

Ähnlicher Fall aus der Praxis

Polizeiposten Gäu Az.: **ST/1386981/2014**
Aufn.: S. (07032 95491-20) am: 16.10.2014

Delikt	**Widerstand gegen Polizeivollzugsbeamte gemäß § 113 StGB**
Tatzeit	Samstag, 09.08.2014, 18:53 Uhr
Tatort	71149 Bondorf Bahnhofstraße
Freie Ortsbesch.	Bahnhof und Getreidemühle

SACHVERHALT
Nach vorausgegangenen Körperverletzungsdelikten durch Hundebiss in 2 Fällen auf dem Bahnsteig des Bahnhofes Bondorf sowie mehreren gleichartigen Fällen in den vergangenen Tagen hielt sich die alkoholisierte Beschuldigte mit ihrem Hund in der Nähe der Bahngleise auf. Eine Personalienfeststellung konnte nicht durchgeführt werden, da das Tier hoch aggressiv war und eine Annäherung an die Beschuldigte somit nicht möglich war. Die Beschuldigte unternahm nichts, um ihren Hund unter Kontrolle zu bringen und wollte nun das Gelände verlassen. Sie ließ hierzu den Hund von der Leine (ohne diesen direkt auf Personen zu hetzen!), welcher sofort auf die beiden Einsatzkräfte der Polizei (Geschädigte) zusprang. Der Einsatz des Pfeffersprays gegen das Tier war ohne ausreichende Wirkung, sodass beim erneuten Angriff des Tieres die dienstliche Schusswaffe durch eine Polizeibeamtin (Geschädigte) eingesetzt werden musste.
Das Tier wurde hierbei durch den abgegebenen Schuss an der linken Schulter verletzt und kehrte daraufhin zur Beschuldigten zurück. Diese zeigte weiterhin kein Interesse daran, auf das weiterhin aggressive und in der Bewegungsfreiheit nicht merklich eingeschränkte Tier einzuwirken oder entsprechende Maßnahmen zur Beseitigung der von ihrem Hund ausgehenden Gefahr zu ergreifen.

MASSNAHMEN
Hinzuziehung von Bundespolizei und Polizeihunde-Führern, Tierärztin W. aus Nagold.
Da das Tier hoch aggressiv und verletzt war, wurde es letztendlich eingeschläfert und von der Tierärztin mitgenommen und der Entsorgung zugeführt. Personen wurden hierbei nicht verletzt, dienstliche Gegenstände nicht beschädigt.

	Beschuldigte Person
Mündigkeit	Erwachsener
Name/Firmenname	**B.**
Geburtsname	B.
Vorname	**S.**
Geburtsdatum/-ort	*00.00.1975 / Hirsau jetzt Calw
Geschlecht	weiblich
Staatsangehörigkeit	deutsch
Anschrift	71149 Bondorf R. Weg 17

Fall 20
Personenkontrolle – § 26 Abs. 1 Nr. 2 PolG

Sachverhalt:

Die Bar „Pan“ befindet sich in Ihrem Revierbereich in Horb am Neckar. Bei der Dienstbesprechung erfahren Sie, dass in einem Ermittlungsverfahren bekannt wurde, dass in dieser Bar mit Drogen gehandelt wird. Es gebe konkrete Hinweise, dass dort nur alibimäßig Getränke konsumiert werden würden.

Man müsse lediglich an der Bar nach der alternativen Getränkekarte fragen, dann würde man vom Personal am Eingang vorbei in den Hinterhof geschickt. Dort könnte man dann alle Drogen, von Cannabis bis hin zum Heroin, erwerben.

An diesem Abend beschließen Sie und Ihr Streifenpartner PHK Flix, dort Personenkontrollen im Eingangsbereich durchzuführen.

Vor Ort angekommen sehen Sie auch schon den ersten Gast auf dem Weg zum Eingang. Diesen sprechen Sie an und geben an, dass Sie eine Personenkontrolle durchführen, weshalb er Ihnen seinen Personalausweis aushändigen solle.

Die Person gibt an, dass sie keinen Personalausweis bei sich führe, gibt aber an, dass sie Alexander Seitz heiße und in der Alemannenstraße 3 in 72202 Nagold wohne. Auf Nachfrage Ihrerseits nach anderen Dokumenten weist sich Herr Seitz mit seinem Führerschein und seiner Krankenversicherungskarte aus. Sie stellen ihm des Weiteren mehrere Kontrollfragen.

Sie überprüfen seine Wohnadresse über MeldIT. Die Angaben des Herrn Seitz bestätigen sich hierbei. Eine Polas-Anfrage verläuft negativ. Die Kontrollfragen waren ebenfalls richtig beantwortet.

Da Sie die Personalien des Herrn Seitz als gesichert ansehen und sich keine weiteren Ansätze ergeben, geben Sie ihm den Führerschein/die Versichertenkarte zurück und entlassen ihn aus der Kontrolle.

Aufgabe:
Erläutern und begründen sie sachverhaltsbezogen, ob die Personalienfeststellung bei Herrn Seitz materiell rechtmäßig war.

Hinweis:
Gehen Sie hierbei nur auf die Tatbestandsvoraussetzungen und die Rechtsfolge ein.

Lösungsmöglichkeit:

3. Materielle Rechtmäßigkeit

3.1 Tatbestandsvoraussetzungen und Rechtsfolge

▶ IdF am milieuspezifischen Ort – § 26 Abs. 1 Nr. 2 PolG
Eine Örtlichkeit, an dem Personen (*hier die bislang Unbekannten aus der Bar und eventuell die Angestellten*) erfahrungsgemäß Straftaten begehen (sogenannter „Milieuspezifischer Ort", also ein Kriminalitätsbrennpunkt).

Aufgrund der Angaben einer Person in einem Ermittlungsverfahren wurde bekannt, dass in der Bar mit Drogen bis hin zum Heroin gehandelt wird. Aus polizeilicher Erfahrung weiß man, dass Drogendeals in der Regel nicht einmalig, sondern immer wiederkehrend begangen werden.

Dies wird durch die Tatsache, dass es ein Codewort gibt und das Personal bei Erfragen der „alternativen Karte" die Gäste in den Hinterhof und somit an den Verkäufer vermittelt, untermauert. Es kann aufgrund der Professionalität, mit der die Geschäfte in Gang gesetzt werden und der Deal abgeschlossen wird, von mehrmaligem und immer wiederkehrendem Drogenhandel ausgegangen werden.

Beim Verkauf und gegebenenfalls Handel mit Drogen handelt es sich um Straftaten nach dem BtMG.

Rechtsfolge:

Da die Voraussetzungen aus § 26 Abs. 1 Nr. 2 PolG vorliegen, kann die Polizei die erforderlichen Maßnahmen zur IdF treffen. Diese sind in § 26 Abs. 2 PolG abschließend in einer Stufenfolge genannt.

Zunächst kann Herr Seitz angehalten und nach seinen Personalien befragt werden.

Weiterhin kann von ihm verlangt werden, dass er uns mitgeführte Ausweise zur Prüfung aushändigt.

Sollte es zur IdF notwendig sein, kann die angehaltene Person durchsucht und sogar auf die Dienststelle zum Zwecke der Sistierung gebracht werden.

Ergebnis:

Die Identitätsfeststellung war somit rechtmäßig.

Merke:
Da hier im Absatz 2 die möglichen Maßnahmen abschließend aufgeführt sind, ist eine kurze Erläuterung im Rahmen der Rechtsfolge sinnvoll, vor allem, wenn es sich um eine weitergehende Maßnahme wie z. B. die Durchsuchung nach Identitätspapieren handelt, da sie klar zur Durchsuchung einer Person nach § 29 PolG abzugrenzen ist.

Hinweis:
Bei Durchsuchungen nach § 26 Abs. 2 PolG sind diese in dem Augenblick zu beenden, in dem ein Ausweisdokument aufgefunden wird, im Gegensatz zur Durchsuchung nach § 29 PolG, bei der die Person vollständig durchsucht werden darf.

Ebenfalls ist es nicht zulässig, bei der Person bei einer Durchsuchung nach § 26 Abs. 2 PolG bewusst zunächst von oben bis Höhe Gürtel zu durchsuchen und dann die Durchsuchung von den Schuhen her zu beginnen, so dass die Hosen-/Gesäßtaschen (höhere Auffindewahrscheinlichkeit) zuletzt durchsucht werden können und somit die Person ganzheitlich durchsucht wird.

Fall 21
Durchsuchung Person, Durchsuchung Sache – Zwangsweise Abholung zur Verbüßung des Jugendarrests – §§ 29, 30 PolG

Sachverhalt:

Der 17-jährige Carlos ist vom Amtsgericht Kehl wegen Raubes zu vier Wochen Jugendarrest verurteilt worden. Carlos kam mehrfachen Vorladungen und Aufforderungen, den Jugendarrest anzutreten, nicht nach.

Das Polizeirevier Kehl wird daher von der Staatsanwaltschaft Offenburg – Strafvollstreckungsabteilung – mit einem Vorführungsbefehl nach § 457 Abs. 2 StPO beauftragt, Carlos zuhause aufzusuchen, um ihn zwangsweise in die Jugendvollzugsanstalt zu verbringen.

POM Maisch und PKin Huber fahren nach den vorab erforderlichen Überprüfungen die Wohnadresse von Carlos an. Dort wird der Streife von seiner Mutter, Frau Daniela Manosque, Einlass in die Wohnung gewährt.

In seinem Zimmer wird Carlos angetroffen. Bei der anschließenden Personenüberprüfung händigt ihnen Carlos seinen Personalausweis aus.

Sie erklären ihm nun, dass er zur Verbüßung des Jugendarrests mitkommen muss und von ihnen zur Jugendvollzugsanstalt begleitet wird.

Er entgegnet ihnen, dass er „null Bock“ auf diese „Kinderkacke“ habe und den Jugendarrest für reine Zeitverschwendung halte.

Unmittelbar nach dieser Aussage versucht Carlos, sich dem Geschehen durch Flucht zu entziehen, kann aber von POM Maisch nach wenigen Schritten eingeholt und am Oberarm festgehalten werden.

Um einen weiteren Fluchtversuch zu verhindern, ordnet PKin Huber das Anlegen von Handschließen bei Carlos an. Carlos beschwert sich danach lauthals über die Schmerzen an seinen Handgelenken.

Vor Fahrtbeginn zur Jugendvollzugsanstalt werden Carlos sowie sein von seiner Mutter eilends zusammengepackter Rucksack von POM Maisch durchsucht.

Aufgabe:
Erläutern und begründen Sie sachverhaltsbezogen
a) die materielle Rechtmäßigkeit der Durchsuchung von Carlos,
b) die formelle und materielle Rechtmäßigkeit der Durchsuchung des Rucksacks von Carlos.

Lösungsvorschlag zu Aufgabe a)

3. Materielle Rechtmäßigkeit

3.1 Tatbestandsvoraussetzungen und Rechtsfolge

Die Durchsuchung von Carlos ist nach § 29 Abs 1 Nr. 1 PolG (Durchsuchung von Personen) möglich. Die Polizei (dazu gehört auch der PVD, vgl. § 59 PolG) kann eine Person durchsuchen, wenn sie „nach diesem Gesetz **oder anderen Rechtsvorschriften festgehalten** oder in Gewahrsam genommen werden darf".

*Carlos darf nach **anderen Rechtsvorschriften** festgehalten werden. Hier nach den Bestimmungen der StPO (§ 457 StPO).*

Da eine Person durchsucht werden darf, wenn sie nach anderen Rechtsvorschriften festgehalten werden darf, ist die Durchsuchung von Carlos zum eigenen Schutz der Beamten zulässig.

3.2 Adressat

Verhaltensstörer gemäß § 6 Abs. 1 PolG ist eine Person, die durch ihr Verhalten bewusst oder unbewusst die Bedrohung oder Störung für die öffentliche Sicherheit oder Ordnung herbeigeführt hat.

Adressat ist Carlos. Er ist Verhaltensstörer nach § 6 Abs. 1 PolG, d. h. unmittelbarer Verursacher, da er durch das Missachten der Rechtsvorschriften (er hat der Vorladung zum Antritt des Jugendarrests keine Folge geleistet) bewusst eine Störung der öffentlichen Sicherheit herbeigeführt hat.

3.3 Ermessensausübung

Die Polizeibeamten handeln nach pflichtgemäßem Ermessen, § 3 PolG. Sie handeln nach dem Entschließungs- und Auswahlermessen. Sie entschließen sich, Carlos vor der Mitnahme zu durchsuchen. Die Maßnahme muss erforderlich sein, d. h., notwendig und zweckmäßig. Eine polizeiliche Aufgabe muss erkennbar sein.

Hier handelt es sich um die Gefahrenabwehr, § 1 Abs. 1 PolG. Die Polizeibeamten müssen von sich die Gefahr abwehren. Das Mittel muss zur Beseitigung des polizeiwidrigen Zustands geeignet sein.

Durch die Durchsuchung wird die Gefahr für die Polizeibeamten abgewehrt, die von Carlos ausgehen könnte. Carlos hat ein Verbrechen des Raubes verübt, also bereits Gewalt gegen eine Person ausgeübt. Es ist möglich, dass er Gegenstände bei sich hat, die der Streife beim Transport gefährlich werden können.

Somit kann er die Polizeibeamten nicht mehr bedrohen oder gar angreifen. Die Maßnahme war somit notwendig und zweckmäßig, da durch sie die Gefahr wirksam abgewehrt werden kann.

Hier liegt eine Ermessensreduzierung auf Null vor, da die Gesundheit der Beamten erfahrungsgemäß beim Transport einer Person, die vorher nicht durchsucht wurde, gefährdet ist. Daher ist die Durchsuchung notwendig; Ermessensfehler sind keine erkennbar.

3.4 Grundsatz der Verhältnismäßigkeit

Nach § 5 Abs. 1 PolG muss die Polizei das mildeste Mittel einsetzen.

Um die Gefahr für sich abzuwehren, bleibt nur die Durchsuchung. Carlos ohne vorherige körperliche Durchsuchung mitzunehmen, wäre unverantwortlich und ein erhebliches Risiko für die Beamten und ggf. weitere Personen (für die Personen, denen er in der JVA undurchsucht übergeben wird).

In § 5 Abs. 2 PolG wird die Mittel-Zweck-Relation genannt.

Carlos wird zwar in seinem Grundrecht der Handlungsfreiheit (Art. 2 Abs. 1 i. V. m. Art. 1 Abs. 1 GG) und dem Recht auf informationelle Selbstbestimmung eingeschränkt. Diese Grundrechte sind aber weniger bedeutsam als das Recht der Streife auf körperliche Unversehrtheit, ggf. ihr Recht auf Leben. Die Mittel-Zweck-Relation ist gegeben.

3.5 Fristen und sonstige Bestimmungen

Nach § 29 Abs. 3 PolG dürfen Personen nur von Personen gleichen Geschlechts durchsucht werden oder von Ärzten.

Da die Durchsuchung von einer männlichen Person (POM Maisch) durchgeführt worden sein muss, wurde diese Förmlichkeit beachtet.

Ergebnis:

Die Durchsuchung (der Person) des Carlos war materiell rechtmäßig.

Hinweis:
Das Polizeigesetz lässt in § 29 Abs. 1 Nr. 1 unter dem Oberbegriff **„nach anderen Rechtsvorschriften festgehalten"** sämtliche Durchsuchungen von Personen zu, die vom PVD nicht nur angehalten, sondern festgehalten werden können. Damit soll die Eigensicherung der Beamten (durch die vorherige Durchsuchung der Person) vor einem Verbringen zum Streifenfahrzeug oder zum Transport im Streifenfahrzeug lückenlos auf eine Rechtsgrundlage gestellt werden.

Das sind vor allen Dingen das Festhalten zur IdF nach § 163 b Abs. 1 StPO, die vorläufige Festnahme nach § 127 Abs. 1 und Abs. 2 StPO, sämtliche Verhaftungen aufgrund eines bestehenden Haft-, Vollstreckungshaft- oder Vorführbefehls, aber auch andere Bestimmungen, die ein **Festhalten** zulassen, wie z. B. § 62 AufenthG (insbesondere § 62 Abs. 5) oder natürlich die Sistierung nach § 26 Abs. 2 PolG, ebenso das Festhalten zur Blutentnahme nach § 81 a Abs. 1 StPO.
Der Gewahrsam ist als geläufigstes Beispiel des Festhaltens beispielhaft in § 29 Abs. 1 Nr. 1 PolG genannt.

Lösungsvorschlag zu Aufgabe b)

2. Formelle Rechtmäßigkeit

2.1 Zuständigkeitsabgrenzung

Gemäß § 59 PolG umfasst die Organisation der Polizei die Polizeibehörden und den PVD. Wenn im PolG von „die Polizei" gesprochen wird, sind stets Polizeibehörde (PB) und Polizeivollzugsdienst (PVD) gemeint.

Die beiden Beamten sind Angehörige des PVD i. S. d. § 70 PolG, somit auch Polizei.

Da § 60 Abs. 3 PolG den § 30 PolG nennt, liegt hier die Parallelzuständigkeit vor. PB und PVD stehen gleichrangig „nebeneinander". D. h. POM Maisch bzw. PKin Huber können die Durchsuchung der Sache (des Rucksacks) in eigener Zuständigkeit anordnen und durchführen.

2.2 Örtliche Zuständigkeit

Grundsätzlich ist der PVD gemäß § 75 Satz 1 PolG im ganzen Land zuständig. Gemäß § 75 Satz 2 PolG soll er nur im eigenen Dienstbezirk tätig werden.

Die beiden Polizeibeamten werden in ihrem Revierbereich tätig. Sie sind örtlich zuständig. Organisatorisch sind sie nach § 76 Abs. 1 Nr. 8 PolG dem Polizeipräsidium Offenburg angegliedert.

2.3 Erkennbarkeit

Es wird davon ausgegangen, dass sie entweder an der Uniform als Polizeibeamte erkannt werden konnten oder sich andernfalls, z. B. wenn sie Jugendsachbearbeiter in bürgerlicher Kleidung gewesen sind, mit ihren Dienstausweisen als Polizeibeamte zu erkennen gegeben haben.

3. Materielle Rechtmäßigkeit

3.1 Tatbestandsvoraussetzungen und Rechtsfolge

Durchsuchung von Sachen – § 30 Nr. 1 PolG
Die Polizei kann eine Sache durchsuchen, wenn sie von einer Person mitgeführt wird, die nach § 29 Abs. 1 oder 2 PolG durchsucht werden darf.

Durchsuchen ist die gezielte Nachschau bzw. Suche zur Auffindung von gefährlichen Gegenständen zur Gefahrenabwehr.

Beim Rucksack handelt es sich um einen körperlichen Gegenstand, also eine Sache, der von Carlos mitgeführt wird. Carlos hat die tatsächliche Sachherrschaft über die Sache, seinen Rucksack.

Sein Rucksack wird von den Beamten (POM Maisch bzw. PKin Huber) durchsucht.

Voraussetzung ist das Mitführen durch eine Person, die nach § 29 PolG durchsucht werden darf.

Carlos darf nach § 29 Abs. 1 Nr. 1 PolG körperlich durchsucht werden, da er nach anderen Rechtsvorschriften, hier gemäß der StPO, festgehalten werden darf.

Carlos ist eine natürliche Person im Sinne des BGB.

Rechtsfolge:

Carlos muss die Durchsuchung seines Rucksacks dulden.

3.2 Adressat

Zustandsstörer – § 7 PolG
Wird die öffentliche Sicherheit oder Ordnung durch den Zustand einer Sache bedroht oder gestört, so hat die Polizei ihre Maßnahmen gegenüber dem Eigentümer oder gegenüber demjenigen zu treffen, der die tatsächliche Gewalt über die Sache ausübt.

*Carlos ist als Inhaber der tatsächlichen Gewalt über den Rucksack **Zustandsstörer**, weil die Gefahr für die öffentliche Sicherheit oder Ordnung möglicherweise vom Inhalt des Rucksacks ausgeht. Daher richtet sich die Maßnahme gegen ihn als Besitzer.*

3.3 Ermessensausübung

Entschließungsermessen: Anhand § 3 PolG wird überprüft, ob die Polizei einschreitet oder nicht.

Da die Möglichkeit besteht, dass gefährliche Gegenstände im Rucksack sind und es sich bei Carlos um einen gewaltbereiten Menschen handelt, sank das Entschließungsermessen gegen Null, weil befürchtet werden musste, dass Carlos bei günstiger Gelegenheit an evtl. im Rucksack befindliche Waffen oder gefährliche Gegenstände gelangt.

Das **Auswahlermessen** bezieht sich auf das „Wie" des Einschreitens, also mit welchen Mitteln eingeschritten wird.

Die Auswahl der Sachdurchsuchung war richtig, da es keine andere Möglichkeit gab, festzustellen, was im Rucksack ist, außer durch die Durchsuchung.

Es liegen keine Ermessensfehler vor.

▶ **Erforderlichkeit**

Der Durchsuchung muss außerdem erforderlich sein. Erforderlich bedeutet, dass die Maßnahme **notwendig** und **zweckmäßig** ist.

Die Maßnahme war notwendig, *da sonst eine latente (schwebende) Gefahr für Leib oder Leben der Streife oder des Personals der JVA vorgelegen hätte, wenn man nicht annähernd weiß, was sich alles im mitgenommenen Rucksack befindet.*

Eine Maßnahme ist dann zweckmäßig, wenn durch die Maßnahme das polizeiliche Ziel erreicht werden kann.

Durch die Durchsuchung war es den Beamten tatsächlich möglich, sich und andere Personen vor eventuellen Angriffen mit gefährlichen Gegenständen zu schützen.

Eine Ermessensüberschreitung bzw. ein Ermessensmissbrauch konnte somit nicht festgestellt werden.

3.4 Grundsatz der Verhältnismäßigkeit

▶ **Geeignet**

Geeignet ist jede Maßnahme, die objektiv tauglich ist, also das polizeiliche Ziel erreichen kann.

*Die Durchsuchung ist dazu geeignet, **genau festzustellen**, ob es erforderliche Gegenstände für die Dauer des Jugendarrestes sind, die sich im Rucksack befinden, oder Gegenstände, die Carlos missbräuchlich benutzen könnte.*

Erforderlichkeit

Weiterhin muss das **mildeste Mittel** angewandt werden.

Die Durchsuchung war das mildeste, geeignete Mittel. Auf den ersten Blick hätte die Streife evtl. Frau Manosque, Carlos' Mutter, nach den im Rucksack befindlichen Gegenständen fragen können. Sie hätte aber evtl. nicht gewusst, ob sich in einem Seitenfach z. B. noch ein Butterflymesser oder ein Taschenmesser befindet.

Darauf zu vertrauen, was Carlos sagt, wäre ein völlig untaugliches Mittel, da er sicherlich nicht verbotene Waffen, gefährliche Gegenstände o. Ä. angeben würde.

Mildere Mittel mit gleicher Erfolgsaussicht als die Durchsuchung gab es somit nicht.

VHM im engeren Sinn

Bei der **VHM im engeren Sinne** sind die zu schützenden Grundrechte mit den durch die Polizei begangenen Grundrechtseingriffen abzuwägen.

Der Zweck der Maßnahme, der Schutz der körperlichen Unversehrtheit und das Recht auf Leben für die Streife und weitere Personen wiegen höher als der Grundrechtseingriff in das Eigentum und das Recht auf inf. Selbstbestimmung bei Carlos. Somit ist die Maßnahme auch verhältnismäßig im engeren Sinn.

3.5 Fristen und sonstige Bestimmungen

Bei dieser Maßnahme nach § 30 PolG sind keine Formen und Fristen zu beachten.

Ergebnis:

Die Durchsuchung der Sache (des Rucksacks) nach § 30 PolG war rechtmäßig.

Fall 22
Durchsuchung der Person – § 29 PolG

Sachverhalt:

Sie wurden zu einem Hausstreit bei der Familie Müller gerufen. Herr Müller ist hochaggressiv und war bei Ihrem Eintreffen gerade im Begriff, mit einer Axt die Schlafzimmertür einzuschlagen, da sich seine Frau in diesem Zimmer aufhielt.

Nachdem Sie gegen ihn das Pfefferspray einsetzen mussten, weil er drohend mit der Axt auf Sie zugegangen war, konnten Sie ihn fesseln.

Als Frau Müller aus dem Schlafzimmer kommt, können Sie erkennen, dass sie durch den Ehemann erheblich verletzt wurde, woraufhin Sie einen Arzt rufen.

Bis zum Eintreffen des Arztes erfahren Sie von Frau Müller, dass ihr Mann alkoholabhängig ist. Er wurde vor einem halben Jahr, ebenfalls nach einem gewalttätigen Hausstreit, in eine Psychiatrie eingewiesen. Vor vier Wochen wurde er entlassen und hat sofort wieder angefangen, Alkohol zu trinken. Auch heute habe er schon eine halbe Flasche Schnaps getrunken, stets wird er nach Alkoholgenuss gewalttätig.

Nachdem Sie dem Notarzt die Sachlage erklärt haben, hält er Heinz Müller für unterbringungsbedürftig. Sie erklären ihm daraufhin den Gewahrsam und verbringen ihn nach der Durchsuchung in ein Zentrum für Psychiatrie.

Aufgabe:
Erläutern und begründen Sie sachverhaltsbezogen die materielle Rechtmäßigkeit der Durchsuchung von Herrn Müller.

Hinweis:
Auf den Adressaten, die Ermessensausübung und die Verhältnismäßigkeit ist nicht einzugehen. Waffenrechtliche Aspekte sind ebenfalls nicht zu prüfen. Gehen Sie davon aus, dass die Voraussetzungen für den Gewahrsam vorliegen.

Lösungsmöglichkeit:

3. Materielle Rechtmäßigkeit

3.1 Tatbestandsvoraussetzungen und Rechtsfolge

▶ **Durchsuchung von Personen – § 29 Abs. 1 Nr. 1 oder Abs. 2 PolG**
Eine Person kann gemäß § 29 Abs. 1 Nr. 1 PolG durchsucht werden, wenn sie u. a. nach dem PolG in Gewahrsam genommen werden darf.

Durchsuchung ist die zielgerichtete Suche nach Personen oder Sachen, die sich bei einer Person, in einer Sache oder in einer Wohnung befinden (Anmerkung: in Kleidern, am Körper, in ohne Weiteres zugänglichen Körperöffnungen wie Mund, Nase, Ohren).

Herr Müller wird von uns durchsucht.

▶ **Person, die in Gewahrsam genommen werden darf**

Hier lagen bei Herrn Müller die Gewahrsamsvoraussetzungen gemäß § 28 PolG vor.

Rechtsfolge:

Herr Müller muss die Durchsuchung seiner Person dulden.

3.5 Fristen und sonstige Bestimmungen

▶ **Formbestimmungen**
Gemäß § 29 Abs. 3 PolG muss die Durchsuchung durch eine Person gleichen Geschlechts durchgeführt werden.

Da im SV dazu nichts erwähnt wird, wird davon ausgegangen, dass Herr Müller von einem männlichen Polizeibeamten durchsucht wurde.

▶ **Fristbestimmungen**
Im § 29 PolG sind keine Fristbestimmungen aufgeführt.

Ergebnis:

Die Durchsuchung des Herrn Müller ist rechtmäßig.

Fall 23
Durchsuchung der Person – § 29 PolG

Sachverhalt:

Gegen 22.30 Uhr ruft Frau Schmidt sehr verängstigt über Notruf an und teilt mit, dass sie soeben einen Anruf ihres Mannes erhalten habe, in dem er sie aufs Übelste beleidigte und ihr androhte, zurückzukommen und ihr zu zeigen, wer der „Chef" sei. Herr Schmidt war erst eine halbe Stunde zuvor von Ihnen und Ihrem Streifenpartner aus der Wohnung verwiesen worden, da er seiner Frau gegenüber handgreiflich geworden war. Aufgrund seiner Aussprache und seiner Aggressivität nimmt Frau Schmidt an, dass ihr Mann einiges an Alkohol getrunken habe. In diesem Zustand sei er völlig unberechenbar. Sie teilt Ihnen weiter mit, dass ihr Mann eine Pistole besitze. Er sei mit seinem schwarzen 3er BMW, amtliches Kennzeichen FN-FS 405, unterwegs.

Gegen 23.00 Uhr fahren Sie mit einer zweiten Streife zur gemeinsamen Wohnung in der Lindauer Straße in Friedrichshafen.

Dort eingetroffen stellen Sie den schwarzen BMW des Herrn Schmidt unweit der Wohnung fest. Herr Schmidt kann von Ihnen im Bereich des Hintereingangs des Anwesens Lindauer Straße 100 angetroffen werden. Als er Sie bemerkt, nimmt er eine drohende Haltung ein und schreit: „Einen Franz Schmidt wirft man nicht ungestraft aus seiner Wohnung!" Er ist offensichtlich angetrunken.

Nach Androhung von Zwangsmitteln gelingt es Ihnen zusammen mit der 2. Streife, den Mann zu überwältigen. Sie erklären ihm den Gewahrsam, durchsuchen ihn und finden in der Jackentasche eine Schusswaffe, die Sie ihm abnehmen. Wie sich später herausstellte, handelte es sich um eine ungeladene Schreckschusswaffe.

Aufgabe:
Erläutern und begründen Sie sachverhaltsbezogen die materielle Rechtmäßigkeit der Durchsuchung von Herrn Schmidt.

Hinweis:
Auf Adressat, Ermessensausübung, Verhältnismäßigkeit sowie Fristen und sonstige Bestimmungen ist nicht einzugehen! Auf waffenrechtliche Bestimmungen ist ebenfalls nicht einzugehen.

Lösungsvorschlag

3. Materielle Rechtmäßigkeit

3.1 Tatbestandsvoraussetzungen und Rechtsfolge

(Alternativ wäre auch eine Begründung nach § 29 Abs. 2 PolG denkbar)

▶ Durchsuchung von Personen – § 29 Abs. 1 Nr. 1 PolG

Eine Person kann durchsucht werden, wenn sie u. a. nach dem PolG in Gewahrsam genommen werden darf.

Durchsuchung ist die zielgerichtete Suche nach Personen oder Sachen, die sich bei einer Person, in einer Sache oder in einer Wohnung befinden (Anmerkung: in Kleidern, am Körper, in ohne Weiteres zugänglichen Körperöffnungen wie Mund, Nase, Ohren).

Herr Schmidt wird in Gewahrsam genommen, deshalb kann er durchsucht werden. Dabei finden wir bei ihm eine Schreckschusswaffe.

▶ Person, die in Gewahrsam genommen werden darf

Eine Person darf in Gewahrsam genommen werden, wenn eine unmittelbar bevorstehende, erhebliche Störung für die öffentliche Sicherheit besteht und auf andere Weise nicht beseitigt werden kann.

Hier lagen die Gewahrsamsvoraussetzungen gemäß § 28 Abs. 1 Nr. 1 PolG vor, da Herr Schmidt zum einen, nachdem er die Wohnung verlassen hat, erneut anruft, er seine Frau auf das Übelste beleidigt und ihr androht zurück zu kommen, und zum anderen unweit der Wohnanschrift der Familie Schmidt in seinem BMW festgestellt werden kann. Deshalb ist davon auszugehen, dass er die Drohungen gegenüber seiner Frau und den Kindern sofort oder in allernächster Zeit in die Tat umsetzt, wenn wir nicht eingreifen.

Die Gefahr ist erheblich, da Frau Schmidt und ihre Kinder durch ein erneutes Aufeinandertreffen massiv an ihrer Gesundheit, einem bedeutendem Rechtsgut, geschädigt werden könnten.

Rechtsfolge:

Herr Schmidt muss die Durchsuchung seiner Person über sich ergehen lassen.

3.5 Fristen und sonstige Bestimmungen

▶ **Formbestimmungen**
Gemäß § 29 Abs. 3 PolG muss die Durchsuchung durch eine Person gleichen Geschlechts durchgeführt werden.

Da im SV dazu nichts erwähnt wird, wird davon ausgegangen, dass Herr Schmidt von einem männlichen Polizeibeamten durchsucht wurde.

▶ **Fristbestimmungen**
Im § 29 PolG sind keine Fristbestimmungen aufgeführt.

Ergebnis:

Die Durchsuchung des Herrn Schmidt ist rechtmäßig.

Fall 24
Gewahrsam – § 28 PolG

Sachverhalt:

Aus der Pressemitteilung der PD Freiburg vom 04.09.2011:

Unliebsamer Bahnfahrgast

03.09.2011: Titisee-Neustadt, betrunkener Mann beleidigt Bürger und randaliert – Rausch in Zelle ausgeschlafen

Am hellen, heiteren Samstagnachmittag des 3. September riefen einige Bedienstete, die im Umfeld des Bahnhofes Titisee arbeiteten, die Polizei um Hilfe. Grund war ein junger Mann, der offensichtlich stark alkoholisiert am Bahnhof sein Unwesen trieb. Er pöbelte diverse Mitarbeiter der Ladengeschäfte sowie Bahnreisende an. In einem Fall wurde ein Reisender beleidigt. Den anderen Personen war der (Herr) Zecher lediglich unangenehm.

Schließlich schlug der durstige Mitbürger auch noch auf Fahrplankästen und auf einen Süßigkeitenautomaten ein, wobei allerdings kein Sachschaden entstand. Aufgrund der heftigen Alkoholisierung musste der Mann seinen Rausch in der Zelle des Polizeireviers ausschlafen, da ihn Verwandte in diesem Zustand auch nicht beherbergen wollten. Neben der Kostenrechnung für die Kachel-Suite folgt nun auch eine Strafanzeige wegen Beleidigung.

Herr Zecher hatte eine Blutalkoholkonzentration von 2,3 Promille.

Aufgabe:
Erläutern und begründen Sie sachverhaltsbezogen
1. die formelle Rechtmäßigkeit der Mitnahme des Herrn Zecher,
2. die materielle Rechtmäßigkeit der Mitnahme des Herrn Zecher auf das Polizeirevier Titisee-Neustadt.

Lösungsvorschlag Aufgabe 1:

2. Formelle Rechtmäßigkeit der Mitnahme von Herrn Zecher

2.1 Zuständigkeitsabgrenzung

Nach Art. 104 Abs. 2 GG darf eine Freiheitsentziehung nur aufgrund eines förmlichen Gesetzes und unter Beachtung der darin beschriebenen Formen/ Fristen durchgeführt werden.

Das PolG ist ein solches förmliches Gesetz.

Die Mitnahme richtet sich nach § 28 PolG (Gewahrsam).

Gemäß § 59 PolG untergliedert sich die Polizei in den PVD und die Polizeibehörde.

Die Polizeibeamten des Reviers sind Bcamte des PVD und unterfallen somit dem Begriff „Polizei" i.S.v. § 28 PolG.

Nach § 60 Abs. 1, 1. HS PolG sind grundsätzlich die PB für die Wahnehmung polizeilicher Aufgaben zuständig.

Für abschließend aufgezählte Maßnahmen nach § 60 Abs. 3 PolG ist der PVD neben der Polizeibehörde gleichrangig zuständig (Parallelzuständigkeit nach § 60 Abs. 3 PolG).

Da § 28 PolG in § 60 Abs. 3 PolG aufgeführt ist, wird der PVD im Rahmen der Parallelzuständigkeit selbst tätig.

Nach Nr. 1 der VwV PolG zu § 28 Abs. 3 und 4 darf der Gewahrsam zunächst ohne richterliche Entscheidung angeordnet werden. Die richterliche Entscheidung ist dann aber unverzüglich nachzuholen.

Die Umstände am Bahnhof in Titisee-Neustadt ließen eine richterliche Anordnung nicht zu, so dass die Streife zur sofortigen Anordnung des Gewahrsams berechtigt war.

Nach § 28 Abs. 3 Satz 3 PolG ist unverzüglich eine richterliche Entscheidung über Zulässigkeit und Fortdauer eine Gewahrsams herbeizuführen.

Es ist davon auszugehen, dass die Streife diesem Erfordernis nachgekommen ist.

Gem. § 28 Abs. 3 Satz 4 PolG bedarf es einer Herbeiführung einer richterlichen Entscheidung nicht, wenn anzunehmen ist, dass die Entscheidung erst nach Wegfall des Grundes des Gewahrsams ergehen würde.

2.2 Örtliche Zuständigkeit

Gemäß § 75 PolG ist die Polizei im ganzen Land zuständig, soll aber nur in ihrem Dienstbereich tätig werden.

Die Beamten vom Revier Neustadt wurden in ihrem Dienstbereich tätig.

2.3 Erkennbarkeit

Die Streife dürfte in Uniform eingeschritten sein und war somit als Polizei erkennbar.

Ergebnis:

Die formelle Rechtmäßigkeit des Gewahrsams war gegeben.

Lösungsvorschlag Aufgabe 2:

3. Materielle Rechtmäßigkeit der Mitnahme von Herrn Zecher

3.1 Tatbestandsvoraussetzungen und Rechtsfolge

Die Streife nimmt Herrn Zecher gemäß § 28 Abs. 1 PolG in Vorbeugegewahrsam.

[Person ist nicht hilflos...]

Hier kommt der Gewahrsam nach § 28 Abs. 1 Nr. 1 PolG zur Anwendung. Hierzu muss zunächst eine unmittelbar bevorstehende, erhebliche Störung für die öffentliche Sicherheit vorliegen oder bereits eingetreten sein.

▶ **Gewahrsam**
Ist das nicht nur kurzfristige Festhalten einer Person durch die Polizei an einem bestimmten eng umgrenzten Ort, die dadurch am Gebrauch ihrer persönlichen Bewegungsfreiheit nach allen Richtungen gehindert wird (hier: Festhalten in der Zelle).

▶ **Gefahr („Störung")**
Ist die objektive, nicht entfernte Möglichkeit eines Schadenseintritts.

Sie muss **unmittelbar bevorstehend** sein, d. h. der Eintritt eines Schadens tritt nach objektiver Erfahrung sofort oder in allernächster Zeit ein, wenn die Polizei nicht einschreitet.

Da der Mann stark alkoholisiert ist und bereits davor mehrere Personen angepöbelt und auf mehrere Gegenstände eingeschlagen hat, zeigt er ein erkennbar aggressives Verhalten.

Aufgrund dessen liegt es nicht fern, dass sich seine Aggressivität steigern und er in der Folge anwesende Personen an Leib und Leben gefährden bzw. schädigen könnte. Ferner ist das Eigentum anderer Personen konkret bedroht, wenn die Polizei nicht einschreitet.

▶ **Erheblich**
Ist die Gefahr, wenn bedeutende Rechtsgüter bedroht sind (die Erheblichkeit kann sich auch aus Umfang und Intensität der Störung ergeben).

Die TBV „erheblich" liegt vor, da Leib, Leben, Eigentum des Herrn Zecher und Anderer sowie die Sicherheit des Bahnverkehrs konkret in Gefahr geraten. Herr Zecher hat sich „nicht mehr im Griff" und seine Ausfälle bringen diese Rechtsgüter naheliegend (= konkret) in Gefahr.

▶ Erheblichkeit liegt auch dann vor, wenn mit der Begehung von Straftaten gerechnet werden muss.

Diese möglichen Straftaten sind hier: Körperverletzung, Sachbeschädigung, Beleidigung, gefährlicher Eingriff in den Bahnverkehr.

▶ Öffentliche Sicherheit umfasst die Gesamtheit der niedergeschriebenen Rechtsgüter.

Die öffentliche Sicherheit ist hier betroffen, da diese Rechtsgüter (s. o.) durch die Begehung von Straftaten bedroht sind.

▶ Auf andere Weise heißt, bevor der Gewahrsam in Form einer Freiheitsentziehung angeordnet wird, müssen erst mildere alternative Maßnahmen geprüft werden.

Auf andere Weise ist die Gefahr nicht zu beseitigen, weil kommunikative Mittel und ein Platzverweis als weniger einschneidende Maßnahmen keinen Erfolg versprechen. Bei einer Person mit 2,3 Promille ist die Einsichtsfähigkeit stark eingeschränkt, wenn nicht sogar die Einsichtsfähigkeit gar nicht mehr vorhanden ist.

Auch die Abholung durch Angehörige wurde erfolglos geprüft. Somit bleibt nur der Vorbeugungsgewahrsam zur Verhinderung weiterer erheblicher Straftaten.

Rechtsfolge:

Der Gewahrsam und das Festhalten in der Zelle muss von Herrn Zecher geduldet werden.

3.2 Adressat

Nach § 6 Abs. 1 PolG ist Herr Zecher Verhaltensstörer, da er durch sein Verhalten bewusst (oder unbewusst) eine Bedrohung oder Störung der öffentlichen Sicherheit oder Ordnung hervorgerufen hat.

Durch aggressives Verhalten gegenüber den Personen bzw. dem Inventar der Bahn bedroht er die öffentliche Sicherheit. Deshalb ist er richtiger Adressat des Vorbeugungsgewahrsams.

3.3 Ermessensausübung

Da Herr Zecher aufgrund seiner Alkoholisierung und seines Verhaltens bereits Personen angepöbelt/beleidigt hat und es sehr wahrscheinlich zu weiteren Straftaten kommen wird, muss man hier von einer Ermessensreduzierung auf Null ausgehen (Polizei ist gezwungen einzuschreiten). Es verbleibt keinerlei Ermessensspielraum mehr.

Die Polizeibeamten mussten somit zwingend einschreiten und Herrn Zecher in Gewahrsam nehmen. Es liegen keine Ermessensfehler vor (siehe § 3 PolG).

Die Auswahl dieser Maßnahme war rechtmäßig, da es keine milderen tauglichen Mittel mit gleicher Erfolgsaussicht gab.

▶ **Erforderlichkeit**
Der Gewahrsam muss außerdem erforderlich sein, d. h. die Maßnahme muss notwendig und zweckmäßig sein.

Notwendig war sie, damit es nicht zu weiteren Straftaten kommt, und zweckmäßig war sie, da durch ihre Anwendung tatsächlich die Begehung weiterer Straftaten verhindert werden konnte.

Die Ingewahrsamnahme hat wirksam verhindert, dass Herr Zecher mit der Ausführung bzw. weiterer Begehung der Straftaten fortfahren konnte.

3.4 Grundsatz der Verhältnismäßigkeit

▶ **Geeignetheit**
Nach § 5 Abs. 1 PolG ist jede Maßnahme geeignet, die objektiv tauglich ist, polizeiliche Ziele zu erreichen.

Der Gewahrsam ist geeignet, da durch ihn wirksam sichergestellt wird, dass Herr Zecher keine weiteren Straftaten begeht

▶ **Erforderlichkeit**
Weiterhin muss gemäß § 5 Abs. 1 PolG das mildeste Mittel angewandt werden.

Der Gewahrsam war auch das mildeste Mittel.

(Dieses Erfordernis ist genaugenommen schon der Tatbestandsvoraussetzung „auf andere Weise“ innewohnend – immanent).
(s. o. „auf andere Weise nicht zu verhindern“).

▶ VHM im engeren Sinne

Nach § 5 Abs. 2 PolG ist die VHM im engeren Sinne zu prüfen, d.h., eine Prüfung des Grundrechtseingriffs bei Herrn Zecher durch die Polizei in Abwägung der schutzbedürftigen Rechtsgüter der Allgemeinheit.

Durch die Ingewahrsamnahme wurde in die Freiheit der Person nicht außer Verhältnis eingegriffen, denn der Schutz der bedrohten Rechtsgüter war bedeutsamer. Der Schutz der gefährdeten Rechtsgüter wiegt schwerer als die persönliche Freiheit des Randalierers.

3.5 Fristen und sonstige Bestimmungen

▶ Fristbestimmungen

Der Gewahrsam ist gemäß § 28 Abs. 3 PolG aufzuheben, sobald der polizeiliche Zweck erreicht ist.

Sobald Herr Zecher in der Gewahrsamseinrichtung ausgenüchtert ist, wird er wieder auf freien Fuß gesetzt.

▶ Formvorschriften

Gemäß § 28 Abs. 2 PolG sind der Grund der Maßnahme und die Rechtsbehelfe dem Betroffenen unverzüglich mitzuteilen. Nach § 1 Abs. 2 DVO PolG ist ein Angehöriger oder eine Vertrauensperson zu informieren.

Im SV wird dies nicht näher beschrieben, deshalb wird davon ausgegangen, dass ihm der Grund der Maßnahme und die zulässigen Rechtsbehelfe mitgeteilt wurden. Angehörige wurden über die Gewahrsamnahme mit Sicherheit informiert, da sie es im Gespräch mit der Polizei ablehnten, ihn zu beherbergen.

Herr Zecher wurde in einer Haftzelle untergebracht, weshalb die Regelungen des § 1 Abs. 1 DVO PolG beachtet werden müssen (einschlägig sind). Beschränkungen zur Sicherungen des Gewahrsams oder zur Aufrechterhaltung der Ordnung im Gewahrsam gem. § 1 Abs. 3 DVO PolG müssen ebenso beachtet werden.

Gemäß VwV zu § 28 Abs. 3, 4 Ziff. 2 PolG muss eine Haftfähigkeitsprüfung sowie eine regelmäßige Überwachung der Person durchgeführt bzw. gewährleistet werden.

Es wird davon ausgegangen, dass die Polizeibeamten des Polizeireviers Titisee-Neustadt diesen Vorschriften nachgekommen sind.

Ergebnis:

Der Gewahrsam war rechtmäßig.

Fall 25
Gewahrsam – § 28 PolG

Sachverhalt:

Am 12.08.2018 sind Sie zusammen mit PHM Fuchs auf Streife im Stadtgebiet. Von der Wache erhalten Sie den Auftrag, sich an die Bushaltestelle am Sternenplatz zu begeben. Dort wäre Passanten eine sehr betagte Dame aufgefallen, die offensichtlich orientierungslos ist. Vor Ort angekommen treffen Sie auf die ältere Frau. Im Gespräch stellt sich heraus, dass die Frau weder weiß, wo sie sich befindet noch wo sie herkommt. Sie kann Ihnen lediglich ihren Namen und Vornamen, Hildegard Müller, angeben. Auch in ihrer Kleidung finden Sie keinerlei weitere Hinweise über die Identität oder den Wohnort der Frau.

Sie bringen die Frau, nachdem Sie vor Ort nicht mehr weiterkommen, zur Wache. Von dort aus rufen Sie die in der Nähe befindlichen Altenheime an.

Mit dem vierten Anruf erhalten Sie beim Altenheim „Rosenau" die Auskunft, dass dort eine Person mit dem gleichen Namen wohnt. Eine Überprüfung durch das Pflegepersonal ergibt, dass die Dame seit einer Stunde aus diesem Altersheim abgängig ist.

Aufgabe:
Erläutern und begründen Sie sachverhaltsbezogen die Zulässigkeit des Verbringens der Frau Müller zur Wache.

2. Formelle Rechtmäßigkeit

2.1 Zuständigkeitsabgrenzung

Richtervorbehalt – Art. 104 Abs. 2 GG

Grundsätzlich obliegt die Anordnung einer Freiheitsentziehung dem Richter.

Gemäß § 28 Abs. 3 Satz 3 PolG ist unverzüglich eine richterliche Entscheidung über die Zulässigkeit und die Dauer eines Gewahrsams herbeizuführen.

Gemäß § 28 Abs. 3 Satz 4 PolG bedarf es der Herbeiführung einer richterlichen Entscheidung nicht, wenn anzunehmen ist, dass die Entscheidung erst nach Wegfall des Grundes des Gewahrsams ergehen würde.

Gemäß VwV zu § 28 Abs. 3 und 4 Nr. 1 PolG kann der Gewahrsam zunächst ohne richterliche Entscheidung angeordnet werden, eine richterliche Entscheidung ist jedoch unverzüglich, also ohne schuldhafte Verzögerung, einzuholen.

Hier ist ein solcher Fall gegeben, da nicht bis zum Ausspruch einer richterlichen Entscheidung zugewartet werden kann, ohne dass die erheblichen Gefahren weiter bestehen, da die ältere Dame offensichtlich verwirrt ist.

Sollte jedoch das Altenheim in der Zwischenzeit erreicht werden, entfällt die richterliche Entscheidung.

Gemäß § 59 PolG umfasst die Organisation der Polizei die Polizeibehörden und den PVD. Nach § 60 Abs. 1, 1. HS PolG sind für die Wahrnehmung der polizeilichen Aufgaben grundsätzlich die Polizeibehörden zuständig.

Hier wird der PVD aber gemäß ***§ 60 Abs. 3 PolG*** *im Rahmen der Parallelzuständigkeit selbst tätig, da es sich beim Gewahrsam um eine dort genannte Standardmaßnahme handelt.*

2.2 Örtliche Zuständigkeit

Gemäß § 75 PolG ist die Polizei im gesamten Land zuständig. Empfohlen ist jedoch der Dienstbezirk.

Es ist davon auszugehen, dass wir uns im Revierbereich aufhalten, da wir auf Fußstreife waren.

2.3 Erkennbarkeit

Die Erkennbarkeit ist durch die Uniform und Streifenwagen gegeben und kann durch Vorzeigen des Dienstausweises noch untermauert werden.

3. Materielle Rechtmäßigkeit

3.1 Tatbestandsvoraussetzungen und Rechtsfolge

▶ Schutzgewahrsam – § 28 Abs. 1 Nr. 2 lit. b PolG
Bei dem Verbringen zur Wache handelt es sich um einen Schutzgewahrsam.

Hierzu muss der **Gewahrsam** zum **eigenen Schutz der Person** vor einer **konkret drohenden Gefahr** für **Leib oder Leben** erfolgen und die Person muss sich erkennbar in einem die freie Willensbestimmung ausschließenden Zustand oder sonst in einer **hilflosen Lage** befinden.

> **Merke:**
> Von einer hilflosen Lage spricht man dann, wenn sich die Person aufgrund ihres Zustandes nicht mehr selbst aus dieser Lage befreien kann.

▶ Gewahrsam

Ein Gewahrsam liegt dann vor, wenn jemand durch die Polizei nicht nur kurzfristig an einem bestimmten, eng umgrenzten Ort festgehalten und dadurch am Gebrauch seiner persönlichen Bewegungsfreiheit gehindert wird.

Frau Müller wird von uns mit dem Streifenwagen zum Revier verbracht, wodurch sie nicht mehr entscheiden kann, wo sie sich aufhalten will. Hierdurch wird sie in ihrer persönlichen Bewegungsfreiheit gehindert.

▶ Konkret drohende Gefahr

Gefahr ist die objektive, nicht entfernte Möglichkeit eines Schadenseintritts. Eine **konkret drohende Gefahr** liegt vor, wenn der Eintritt eines Schadens nach praktischer Lebenserfahrung aufgrund objektiver Tatsachen mit großer Wahrscheinlichkeit in nächster Zeit zu erwarten ist, falls die Polizei nicht eingreift. Die Gefahr muss hierbei **für Leib oder Leben bestehen**.

Frau Müller ist orientierungslos. Somit kann nach praktischer Lebenserfahrung damit gerechnet werden, dass sie auf die Straße läuft, evtl. von einem Auto erfasst wird und dadurch an der Gesundheit geschädigt (verletzt/getötet) wird.

▶ Hilflose Lage

*Frau Müller befindet sich in einer **hilflosen Lage**, da sie aufgrund ihrer Orientierungslosigkeit nicht mehr alleine ihr Zuhause finden kann. Hierdurch besteht die Gefahr, dass eine Verwahrlosung/Gesundheitsschädigung droht, wenn wir den Wohnort der Frau nicht ermitteln und sie gegebenenfalls an eine Aufsichtsperson übergeben können. Deswegen ist es erforderlich, dass der Gewahrsam zu ihrem eigenen Schutz ausgesprochen und durchgeführt wird. Andere Maßnahmen würden die genannten Gefahren nicht bannen.*

Rechtsfolge:

Frau Müller muss mit uns mitgehen und den Gewahrsam dulden, bis dieser wieder aufgehoben wird. Hier also, bis sie dem Pflegepersonal übergeben wird.

3.2 Adressat

Verhaltensstörer gem. § 6 Abs. 1 PolG ist eine Person, die durch ihr Verhalten bewusst oder unbewusst die Bedrohung oder Störung für die öffentliche Sicherheit oder Ordnung herbeigeführt hat.

Frau Müller ist Verursacherin/Verhaltensstörerin, da sie orientierungslos in der Stadt umherläuft. Die Maßnahme ist gegen die Verursacherin getroffen worden. Fehler hinsichtlich des Adressaten sind nicht erkennbar.

3.3 Ermessensausübung

Da Frau Müller orientierungslos war und sich nicht mehr alleine zurechtfand, sank das Entschließungsermessen gegen Null, da Gefahr für ihre Gesundheit bestand.

Die Auswahl der Maßnahme war rechtmäßig, *da es keine andere Möglichkeit gab, als Frau Müller mitzunehmen und zunächst einmal die Altenheime anzurufen.*

Es liegen keine Ermessensfehler vor.

▶ Erforderlichkeit
Der Gewahrsam muss außerdem erforderlich sein. Erforderlich bedeutet, dass die Maßnahme **notwendig** und **zweckmäßig** ist.

Die Maßnahme war notwendig, *da Frau Müller nicht mehr alleine nach Hause (ins Altenheim) fand und somit eine polizeiliche Aufgabe – Gefahrenabwehr – vorlag.*

Eine Maßnahme ist dann zweckmäßig, wenn durch die Maßnahme das polizeiliche Ziel erreicht werden kann.

Durch den Gewahrsam war es den Polizeibeamten tatsächlich möglich, Frau Müller sofort zu schützen und sie über die im Gewahrsam getroffenen Maßnahmen – Überprüfungen bei Altenheimen – wieder in die Fürsorge des Altenheims zu bringen.

3.4 Grundsatz der Verhältnismäßigkeit

▶ Geeignet
Nach § 5 Abs. 1 PolG geeignet ist jede Maßnahme, die objektiv tauglich ist, um das polizeiliche Ziel zu erreichen.

Der Gewahrsam ist dazu geeignet, Frau Müller sicher und wohlbehalten an ihre Pfleger zu übergeben.

▶ Erforderlichkeit (mildestes Mittel)
Gemäß § 5 Abs. 1 PolG muss, wenn mehrere Mittel zur Auswahl stehen, das mildeste Mittel angewandt werden.

Der Gewahrsam war das mildeste Mittel zur Abwehr einer Gesundheitsgefahr für Frau Müller, das auch geeignet war. Denn alle milderen Maßnahmen, wie zum Beispiel die Personalienfeststellung alleine, selbst mit der Ermittlung der Wohnadresse, hätten die Gefahr von Frau Müller nicht abgewandt, denn Frau Müller wäre dann „in Kenntnis" der Wohnadresse nach Hause geschickt worden und hätte sich dann wieder „verirrt". Zum anderen musste sie sofort in Gewahrsam genommen werden, denn aufgrund der Orientierungslosigkeit hätte sofort/jederzeit etwas passieren können (Unfall, etc.).

▶ **VHM im engeren Sinn**
Bei der VHM im engeren Sinn nach § 5 Abs. 2 PolG sind die zu schützenden Rechtsgüter mit den durch die Polizei begangenen Grundrechtseingriffen abzuwägen.

Die Maßnahme war auch im engeren Sinne verhältnismäßig, da der Zweck, Gefahren für Frau Müller abzuwehren, höher wiegt als der Grundrechtseingriff in die Freiheit ihrer Person.

3.5 Fristen und sonstige Bestimmungen

▶ **Fristbestimmungen**
Der Gewahrsam ist gemäß § 28 Abs. 3 PolG aufzuheben, sobald der polizeiliche Zweck erreicht ist.

Im vorliegenden Fall kann davon ausgegangen werden, dass der Gewahrsam nur kurze Zeit erforderlich war, weil bereits beim vierten Anruf das Heim ausfindig gemacht werden konnte. Er ist spätestens mit Übergabe/Abholung der Frau an/durch Personal des Altenheimes aufzuheben. Somit wäre auch der Zweck des Schutzgewahrsams erreicht.

▶ **Formvorschriften**
Gemäß § 28 Abs. 2 PolG sind der Grund der Maßnahme und die Rechtsbehelfe dem Betroffenen unverzüglich mitzuteilen. Nach § 1 Abs. 2 DVO PolG ist ein Angehöriger oder eine Vertrauensperson zu informieren.

Da sich aus dem SV nichts anderes ergibt, ist davon auszugehen, dass Frau Müller der Grund der Maßnahme und die Rechtsbehelfe unverzüglich mitgeteilt wurden.

Das Personal des Altenheims als sog. Vertrauensperson wurde gemäß § 1 Abs. 2 DVO PolG verständigt.

Frau Müller wurde nicht in einer Haftzelle untergebracht, weshalb auf die Regelungen des § 1 Abs. 1 DVO PolG nicht eingegangen wird.

Beschränkungen zur Sicherungen des Gewahrsams oder zur Aufrechterhaltung der Ordnung im Gewahrsam gem. § 1 Abs. 3 DVO PolG liegen nicht vor.

Die Frage einer Haftfähigkeitsprüfung sowie einer regelmäßigen Überwachung i. S. VwV zu § 28 Abs. 3, 4 Ziffer 2 PolG stellt sich in diesem Sachverhalt ebenfalls nicht.

Ergebnis:

Das Verbringen der hilflosen Frau Müller zur Wache war somit zulässig.

Fall 26
Gewahrsam – § 28 PolG

Sachverhalt:

Sie werden zu einem Hausstreit bei Familie Müller gerufen. Herr Müller ist hochaggressiv und war bei Ihrem Eintreffen gerade im Begriff, mit einer Axt die Schlafzimmertür einzuschlagen, da sich seine Frau in diesem Zimmer aufhielt.

Nachdem Sie gegen ihn das Pfefferspray einsetzen mussten, weil er drohend mit der Axt auf Sie zugegangen war, konnten Sie ihn fesseln.

Als Frau Müller aus dem Schlafzimmer kommt, können Sie erkennen, dass sie durch den Ehemann erheblich verletzt wurde, woraufhin Sie einen Arzt rufen.

Bis zum Eintreffen des Arztes erfahren Sie von Frau Müller, dass ihr Mann stark alkoholabhängig ist. Er wurde vor einem halben Jahr, ebenfalls nach einem gewalttätigen Hausstreit, in eine Psychiatrie eingewiesen. Vor vier Wochen wurde er entlassen und hat sofort wieder angefangen, Alkohol zu trinken. Auch heute habe er schon eine halbe Flasche Schnaps getrunken, stets wird er nach Alkoholgenuss gewalttätig.

Nachdem Sie dem Notarzt die Sachlage erklärt haben, hält er Heinz Müller für unterbringungsbedürftig. Sie erklären ihm daraufhin den Gewahrsam und verbringen ihn nach der Durchsuchung in das örtliche Zentrum für Psychiatrie.

Aufgabe:
Erläutern und begründen Sie sachverhaltsbezogen die formelle und materielle Rechtmäßigkeit der Gewahrsamnahme des Herrn Müller.

Hinweis:
Auf den Adressaten, die Ermessensausübung und die Verhältnismäßigkeit ist nicht einzugehen. Waffenrechtliche Aspekte sind ebenfalls nicht zu prüfen.

Lösungsvorschlag:

2. Formelle Rechtmäßigkeit

2.1 Zuständigkeitsabgrenzung

Richtervorbehalt – Art. 104 Abs. 2 GG

Grundsätzlich obliegt die Anordnung einer Freiheitsentziehung dem Richter.

Gemäß **§ 28 Abs. 3 Satz 3 PolG** ist unverzüglich eine richterliche Entscheidung über die Zulässigkeit und die Dauer eines Gewahrsams herbeizuführen.

Gemäß **§ 28 Abs. 3 Satz 4 PolG** bedarf es der Herbeiführung einer richterlichen Entscheidung nicht, wenn anzunehmen ist, dass die Entscheidung erst nach Wegfall des Grundes des Gewahrsams ergehen würde.

Der Gewahrsam wird von uns angeordnet. Grundsätzlich müsste aber ein Richter darüber entscheiden.

Gemäß VwV zu § 28 Abs. 3 und 4 Nr. 1 PolG kann der Gewahrsam zunächst ohne richterliche Entscheidung angeordnet werden; eine richterliche Entscheidung ist jedoch unverzüglich, also ohne schuldhafte Verzögerung, einzuholen.

Hier liegt ein solcher Fall vor, da nicht bis zum Erlass einer richterlichen Entscheidung zugewartet werden kann, ohne dass die erheblichen Gefahren weiter bestehen, da Herr Müller in keiner Weise berechenbar ist. Später müssten die Beamten jedoch den zuständigen Richter verständigen.

Gemäß **§ 59 PolG** umfasst die Organisation der Polizei die Polizeibehörden und den PVD. Nach § 60 Abs. 1, 1. HS PolG sind für die Wahrnehmung der polizeilichen Aufgaben grundsätzlich die Polizeibehörden zuständig.

Hier wird der PVD aber gemäß **§ 60 Abs. 3 PolG** im Rahmen der Parallelzuständigkeit selbst tätig, da es sich beim Gewahrsam um eine dort genannte Standardmaßnahme handelt.

2.2 Örtliche Zuständigkeit

Gemäß § 75 PolG ist die Polizei im gesamten Land zuständig. Empfohlen ist jedoch das Einschreiten innerhalb des Dienstbezirks.

Es ist davon auszugehen, dass wir uns im Revierbereich aufhalten, da wir auf Fußstreife waren.

2.3 Erkennbarkeit

Die Erkennbarkeit ist durch die Uniform gegeben und kann durch Vorzeigen des Dienstausweises noch bestätigt werden.

3. Materielle Rechtmäßigkeit

3.1 Tatbestandsvoraussetzungen und Rechtsfolge

Hier kommt der Vorbeugegewahrsam nach § 28 Abs. 1 Nr. 1 PolG zur Anwendung.

Die Polizei kann eine Person gemäß § 28 Abs. 1 Nr. 1 PolG dann in Gewahrsam nehmen, wenn auf andere Weise eine unmittelbar erhebliche Störung (= Gefahr) nicht beseitigt werden kann.

▶ Gewahrsam
Wenn jemand durch die Polizei nicht nur kurzfristig an einem bestimmten, eng umgrenzten Ort festgehalten und dadurch am Gebrauch seiner persönlichen Bewegungsfreiheit gehindert wird.

Hier wird durch meinen Streifenpartner und mich Herrn Müller der Gewahrsam erklärt und durchgeführt, indem er von uns festgehalten wird.

Herrn Müllers Bewegungsfreiheit ist „in alle Richtungen" unterbunden.

▶ Unmittelbar bevorstehende, erhebliche Störung
Eine unmittelbar bevorstehende Störung liegt vor, wenn der sofortige Eintritt eines Schadens nach objektiven Erfahrungssätzen mit an Sicherheit grenzender Wahrscheinlichkeit zu erwarten ist, falls die Polizei nicht eingreift.

Die Erheblichkeit einer Störung kann sich entweder aus ihrem Umfang oder aus ihrer Intensität oder aus der Tatsache ergeben, dass besonders bedeutsame Rechtsgüter gefährdet sind.

Da Herr Müller zum einen als gewalttätig gilt und er zum anderen mit der Axt gewaltsam versucht, sich Zutritt zum Zimmer, in dem seine Frau sich aufhält, zu verschaffen, um ihr gegebenenfalls etwas anzutun, müssen wir dieses Verhalten unterbinden. Des Weiteren droht er auch uns mit der Axt.

Die Gefahr ist erheblich, da Frau Müller beim Aufeinandertreffen mit ihrem Mann massiv an ihrer Gesundheit geschädigt oder sogar getötet werden könnte.

Darüber hinaus geht er auch auf uns mit der Axt drohend zu, was wir nur durch den Einsatz von Pfefferspray unterbinden können.

Öffentliche Sicherheit
Die öffentliche Sicherheit umfasst alle geschriebenen Rechtsnormen sowie die Individualrechtsgüter.

Die öffentliche Sicherheit ist tangiert, da hier eine Verletzung des Rechtsguts der körperlichen Unversehrtheit von Frau Müller bereits erfolgt ist. Hier wurde der Straftatbestand mindestens einer Körperverletzung durch Herrn Müller verwirklicht; § 114 StGB liegt ebenso vor.

Auf andere Weise
…wenn weniger einschneidende Mittel nicht zum Erfolg führen.

Die Gefahr, dass Herr Müller gegenüber seiner Frau weiter gewalttätig wird, ist nicht auf andere Weise zu beseitigen, da er in der Vergangenheit mehrfach Platzverweise erteilt bekommen hat und er auf die Tür einschlägt. Auch uns bedroht er mit der Axt und legt sie trotz Androhung des Pfeffersprays nicht weg.

Rechtsfolge:

Herr Müller muss mit uns mitgehen und den Gewahrsam dulden, bis dieser wieder aufgehoben wird.

3.5 Fristen und sonstige Bestimmungen

Fristbestimmungen
Der Gewahrsam ist gemäß § 28 Abs. 3 PolG aufzuheben, sobald der polizeiliche Zweck erreicht ist.

Da Herr Müller im Anschluss in einer psychiatrischen Einrichtung untergebracht wird, endet der Gewahrsam in der Einrichtung. Hier ist dann mit der Einlieferung auch der polizeiliche Zweck erreicht.

Formvorschriften
Gemäß § 28 Abs. 2 PolG sind der Grund der Maßnahme und die Rechtsbehelfe dem Betroffenen unverzüglich mitzuteilen. Nach § 1 Abs. 2 DVO PolG ist ein Angehöriger oder eine Vertrauensperson zu informieren.

Im SV wird dies nicht näher beschrieben. Deshalb wird davon ausgegangen, dass der Grund der Maßnahme und die zulässigen Rechtsbehelfe ihm mitgeteilt wurden. Ebenso, dass seine Frau über die Gewahrsamnahme informiert wurde, da sie bei der Gewahrsamnahme anwesend ist.

Herr Müller wurde nicht in einer Haftzelle untergebracht, weshalb auf die Regelungen des § 1 Abs. 1 DVO PolG nicht eingegangen wird.

Beschränkungen zur Sicherung des Gewahrsams oder zur Aufrechterhaltung der Ordnung im Gewahrsam gemäß § 1 Abs. 3 DVO PolG liegen nicht vor.

Gemäß VwV zu § 28 Abs. 3, 4 Ziffer 2 PolG muss eine Haftfähigkeitsprüfung sowie eine regelmäßige Überwachung der Person durchgeführt bzw. gewährleistet werden.

Herr Müller wurde noch vor Ort von einem Arzt untersucht und für unterbringungsbedürftig erklärt. Eine Überwachung ist nicht notwendig, da Herr Müller nicht in der Gewahrsamseinrichtung untergebracht wird.

Ergebnis:

Der Gewahrsam war formell und materiell rechtmäßig.

Fall 27
Gewahrsam – § 28 PolG

Sachverhalt:

Sie befinden sich am 08.08.2018 um 19.25 Uhr mit Ihrem Praxisausbilder auf Streifenfahrt, als Sie den Auftrag erhalten, die Berliner Str. 6, Böblingen, anzufahren.

Frau Kraft hatte gemeldet, dass in der Nachbarwohnung ein lautstarker Streit zwischen ihrer dort wohnenden Freundin Selina Mond und deren Freund Francesco Stella im Gange wäre.

An der Wohnungstür können Sie lautstarkes Geschrei vernehmen. Erst nach mehrfachem Klingeln öffnet Selina Mond die Tür. Sie wirkt sehr verängstigt und etwas verwirrt; im Gesicht weist sie über der linken Augenbraue eine Platzwunde auf. Sie ist in der 14. Woche schwanger.

Im Wohnzimmer sitzt ihr Freund, Francesco Stella, auf dem Sofa.

Er ist über das Erscheinen der Polizei sehr verärgert, schließlich sei es seine Sache, was er mit seiner „Frau“ mache; das gehe gar niemand etwas an, schon gar nicht die Polizei.

Herr Stella wirkt auf Sie alkoholisiert; mehrere leere Bierflaschen sowie eine noch halbvolle Flasche Wein stehen auf dem Fernsehtisch im Wohnzimmer. Vorsorglich stellen Sie die Flaschen in der Küche auf dem Tresen ab. Herr Stella ist sehr ungehalten, als Sie ihm die Flaschen wegnehmen.

In einem Gespräch mit Frau Mond erfahren Sie, dass ihr Freund sie heute bei einem Streit zum wiederholten Male mit der Faust ins Gesicht geschlagen und mit den Füßen in Richtung ihres Unterleibs getreten habe. Er habe gedroht, sie umzubringen, wenn sie irgendjemand etwas erzähle.

Nach der Personalienfeststellung von Francesco Stella ist dieser weiterhin sehr aggressiv und droht Frau Mond mit Schlägen, sobald die Polizei wieder weg ist. Daraufhin erteilt Ihr Praxisausbilder ihm einen Wohnungsverweis. Herr Stella wird von Ihrem Praxisausbilder und Ihnen anschließend vor die Tür gebracht. Hier gibt er Ihnen wörtlich wie folgt zu verstehen, dass er zurückkommt, wenn die Polizei weg ist, mit den Worten: „Merda, maledetta strega[1], ich komme nachher wieder. Ich lasse mir von der Polizei gar nichts verbieten. Von euch schon zweimal nicht!“

1 (deutsch: Scheiße, verdammte Hexe)

Aufgrund der Gesamtsituation entschließen Sie und Ihr Praxisausbilder sich, Francesco Stella auf die Dienststelle zu verbringen.

Aufgabe:
Erläutern und begründen Sie sachverhaltsbezogen die materielle Rechtmäßigkeit der Mitnahme des Herrn Stella durch den PVD nach den Bestimmungen des PolG.

Hinweis:
Gehen Sie hierbei nur auf Tatbestandsvoraussetzungen und Rechtsfolge sowie Fristen und sonstige Bestimmungen ein.

Lösungsvorschlag:

3. Materielle Rechtmäßigkeit

3.1 Tatbestandsvoraussetzungen und Rechtsfolge

▶ **Gewahrsam – § 28 Abs. 1 Nr. 1 PolG**
Ein Gewahrsam liegt dann vor, wenn jemand durch die Polizei nicht nur kurzfristig an einem bestimmten, eng umgrenzten Ort festgehalten und dadurch am Gebrauch seiner persönlichen Bewegungsfreiheit gehindert wird.

Hier wird durch meinen Streifenpartner und mich Herrn Stella der Vorbeugegewahrsam erklärt und durchgeführt, indem er von uns festgehalten und anschließend zur Dienststelle in die Zelle verbracht wird.

▶ **Unmittelbar bevorstehende, erhebliche Gefahr**
Gefahr ist die objektive, nicht entfernte Möglichkeit eines Schadeneintritts.

Eine **unmittelbar bevorstehende Gefahr** liegt vor, wenn der Eintritt eines Schadens nach objektiven Erfahrungssätzen mit an Sicherheit grenzender Wahrscheinlichkeit sofort oder in allernächster Zeit zu erwarten ist, falls die Polizei nicht eingreift.

Die **Erheblichkeit** einer Gefahr bzw. Störung kann sich entweder aus ihrem Umfang oder aus ihrer Intensität oder aus der Tatsache ergeben, dass besonders bedeutsame Rechtsgüter gefährdet sind.

Da Herr Stella zum einen bereits gewalttätig war – er hat seine Freundin geschlagen – und er zum anderen damit droht, wieder zurückzukommen, sobald wir die Örtlichkeit verlassen haben, und seine Freundin dann höchstwahrscheinlich wieder schlägt, müssen wir dies verhindern, indem wir ihm den Gewahrsam erklären.

Die Gefahr ist erheblich, da Frau Mond bei einem erneuten Aufeinandertreffen mit ihrem Freund massiv an ihrer Gesundheit geschädigt wird und auch für das ungeborene Kind eine Gesundheitsgefahr besteht oder es in diesem Studium der Schwangerschaft, 14. Woche, sogar getötet werden könnte, da Herr Stella bereits in Richtung ihres Unterleibs getreten hat.

▶ Öffentliche Sicherheit
Die öffentliche Sicherheit umfasst alle geschriebenen Rechtsnormen sowie die Individualrechtsgüter.

Hier ist das hochrangige Rechtsgut der körperlichen Unversehrtheit von Frau Mond und dem ungeborenen Kind bedroht. Herr Stella hat bereits eine Körperverletzung z.N. der Frau Mond begangen. Hier könnten weitere Rechtsverletzungen, z.B. dem Wohnungsverweis nicht Folge leisten bzw. weitere Körperverletzungen, durch Herrn Stella verwirklicht werden.

▶ Auf andere Weise
Ist dann gegeben, wenn weniger einschneidende Mittel nicht zum Erfolg führen.

Herrn Stella wurde zunächst ein Wohnungsverweis erteilt, um weitere Übergriffe auf Frau Mond zu unterbinden. Es kann jedoch davon ausgegangen werden, dass er diesen nicht befolgen wird, da er sagt: „Merda, maledetta strega, ich komme nachher wieder. Ich lasse mir von der Polizei gar nichts verbieten…"

Daher war nur eine Gewahrsamnahme des Herrn Stella zur Konfliktlösung möglich.

Rechtsfolge:

Herr Stella muss mit uns mitgehen und den Gewahrsam dulden, bis dieser wieder aufgehoben wird.

3.5 Fristen und sonstige Bestimmungen

▶ Fristbestimmungen
Der Gewahrsam ist gemäß § 28 Abs. 3 PolG aufzuheben, sobald der polizeiliche Zweck erreicht ist.

Da aus dem SV nichts näher hervorgeht, wird damit gerechnet, dass dieser Frist nachgekommen wird.

▶ **Formvorschriften**

Gemäß § 28 Abs. 2 PolG sind der Grund der Maßnahme und die Rechtsbehelfe dem Betroffenen unverzüglich mitzuteilen. Nach § 1 Abs. 2 DVO PolG ist ein Angehöriger oder eine Vertrauensperson zu informieren.

Im SV wird dies nicht näher beschrieben. Deshalb wird davon ausgegangen, dass Herrn Stella der Grund der Maßnahme und die zulässigen Rechtsbehelfe mitgeteilt wurden. Ebenso, dass seine Freundin noch vor Ort über die Gewahrsamnahme informiert wurde.

Für die Unterbringung des Herrn Stella in der Gewahrsamseinrichtung gilt § 1 Abs. 1 DVO PolG.

Beschränkungen zur Sicherung des Gewahrsams oder zur Aufrechterhaltung der Ordnung im Gewahrsam gemäß § 1 Abs. 3 DVO PolG sind nicht ersichtlich.

Es wird davon ausgegangen, dass die Haftfähigkeitsprüfung, *Herr Stella ist laut Sachverhalt offensichtlich alkoholisiert,* sowie eine regelmäßige Überwachung i.S. der VwV zu § 28 Abs. 3, 4 Ziffer 2 PolG durchgeführt wird.

Ergebnis:

Der Gewahrsam war rechtmäßig.

Fall 28
Sachverhalt Wohnungsverweis – § 27a Abs. 3 PolG

Sachverhalt:

Am 15.08.2018 befinden Sie sich mit Ihrem Praxisausbilder PHM Rabe während des Nachtdienstes in Ihrem Revierbereich auf Streifenfahrt. Gegen 23.00 Uhr erhalten Sie über Funk folgende Meldung:

„Fahren Sie nach Böblingen in die Brunnenstraße 7 zu einer Familienstreitigkeit. Ein Anwohner hat über Notruf mitgeteilt, dass bei Familie Maier ein Streit im Gange sei und jemand – vermutlich Frau Maier – um Hilfe ruft."

Während der Anfahrt erfahren Sie über Funk, dass der Ehemann, Karl Maier, geb. 15.04.1969, wegen Körperverletzung bereits polizeilich in Erscheinung getreten ist. In einem Fall hat er die einschreitenden Beamten tätlich angegriffen.

Nach Ihrem Eintreffen betreten Sie das Mehrfamilienhaus durch die geöffnete Eingangstüre und hören bereits im Treppenhaus lautes Geschrei. Dies scheint aus der Wohnung von Familie Maier zu kommen. Sie entschließen sich zu klingeln. Nach kurzem Warten wird die Türe von Silke Maier geöffnet, die sichtbare Verletzungen im Gesicht hat. Obwohl Maier aus dem Hintergrund „Verpisst euch!" ruft, betreten Sie die Wohnung. Karl Maier ist aber nicht zu sehen. Nach Belehrung über das Zeugnisverweigerungsrecht gibt Silke Maier Folgendes an:

„Ich wohne seit fünf Jahren mit meinem Mann hier in der Brunnenstraße. Vor einer halben Stunde kam es zu einem Streit zwischen meinem Mann und mir, da er unbedingt Fußball schauen wollte. Plötzlich ist er ausgerastet und hat mich mit der Faust mehrfach ins Gesicht geschlagen, weswegen ich um Hilfe gerufen habe. Er hat mir weitere Schläge angedroht, und ich habe große Angst. Er hat im Laufe des Abends drei Flaschen Bier und Schnaps getrunken."

Sie begeben sich ins Wohnzimmer und treffen auf einen leicht alkoholisierten Karl Maier. Nachdem Sie Ihre Maßnahmen getroffen haben, fordern Sie Karl Maier auf, das Haus unverzüglich zu verlassen und bis zur Entscheidung der Ortspolizeibehörde am nächsten Tag nicht mehr zu betreten.

Als Karl Maier aufsteht, gehen Sie zunächst davon aus, dass er Ihrer Aufforderung nachkommt. Plötzlich macht er jedoch einen Satz auf Sie zu und will Sie zu Boden reißen, was Sie gerade noch verhindern können. Nachdem Karl Maier zu Boden gebracht und gefesselt wurde, versuchen Sie ihn zu beruhigen. Er wird jedoch zunehmend aggressiver und spricht gegenüber Ihnen und seiner Frau massive Drohungen aus. Sie erklären ihm daraufhin den Gewahrsam.

Aufgabe:
Erläutern und begründen Sie sachverhaltsbezogen die materielle Rechtmäßigkeit
a) des Wohnungsverweises sowie
b) des Rückkehrverbotes.

Gehen Sie hierbei nur auf die Tatbestandsvoraussetzungen und Rechtsfolge sowie Fristen und sonstige Bestimmungen ein.

Lösungsvorschlag a):

3. Materielle Rechtmäßigkeit

3.1 Tatbestandsvoraussetzungen und Rechtsfolge

Schutz einer anderen Bewohnerin dieser Wohnung
Schutz einer anderen Bewohnerin dieser Wohnung, die verletzt oder bedroht wird. Besitzverhältnisse spielen hierbei keine Rolle.

Geschützt werden muss Frau Maier, da sie bereits von ihrem Mann geschlagen wurde und er ihr erneut Schläge angedroht hat. Sie ist Bewohnerin im Sinne des § 27 a Abs. 3 PolG, da sie gemeinsam mit ihrem Mann in der Wohnung lebt und diese als solche nutzt.

Unmittelbar bevorstehende Gefahr
Eine Gefahr ist die objektive, nicht entfernte Möglichkeit eines Schadenseintritts. Eine unmittelbar bevorstehende Gefahr ist dann gegeben, wenn der Eintritt eines Schadens nach objektiven Erfahrungssätzen sofort oder in allernächster Zeit zu erwarten ist, wenn die Polizei nicht einschreitet.

Frau Maier wurde von ihrem Mann bereits mehrfach mit der Faust ins Gesicht geschlagen. Sie hat sichtbare Verletzungen. Zwar soll sich nach Angaben von Frau Maier ihr Mann jetzt gerade im Wohnzimmer befinden, jedoch hat er ihr weitere Schläge angedroht. Des Weiteren hat sie große Angst vor ihrem Mann.

Da er seine Frau bereits geschlagen hat, kann nach objektiven Erfahrungssätzen davon ausgegangen werden, dass er sie tatsächlich gleich wieder schlagen wird, wenn die Polizei nicht einschreitet und das verhindert.

▶ **Erheblichkeit**
Die Erheblichkeit ergibt sich aus Umfang und Intensität des zu erwartenden Schadens.

Silke Maier wurde durch die Faustschläge bereits an ihrer Gesundheit geschädigt. Wenn ihr Mann sie erneut schlägt, kommt es zu einer weiteren Beeinträchtigung ihrer Gesundheit.

▶ **Öffentliche Sicherheit**
Die öffentliche Sicherheit umfasst alle geschriebenen Rechtsnormen sowie die Individualrechtsgüter.

Das Individualrechtsgut von Silke Maier auf körperliche Unversehrtheit ist bereits verletzt, somit wurde ein Vergehen nach § 223 StGB begangen.

▶ **Erforderlichkeit**
Erforderlich als TBV bedeutet, auf andere Weise nicht erreichbar.

Da Frau Maier Angst vor ihrem Mann hat, weil er ihr mit erneuten Schlägen bereits gedroht hat, muss Herr Maier die Wohnung verlassen. Nur der Wohnungsverweis kann die Gefahr vor weiteren Schlägen abwenden.

Rechtsfolge:

Herr Maier muss dem Verweis aus seiner Wohnung und dem unmittelbar angrenzenden Bereich Folge leisten. Es besteht für ihn ein Wohnungsverweis.

Lösungsvorschlag b):

3. Materielle Rechtmäßigkeit

3.1 Tatbestandsvoraussetzungen und Rechtsfolge

Tatsachen, die die Annahme rechtfertigen, dass die erhebliche Gefahr der öffentlichen Sicherheit nach Verlassen der Wohnung fortbesteht.

▶ **Erhebliche Gefahr**
Eine **Gefahr** ist die objektive, nicht entfernte Möglichkeit eines Schadenseintritts.
Die **erhebliche Gefahr** ist dann gegeben, wenn ein bedeutsames Rechtsgut bedroht wird. Die Erheblichkeit ergibt sich dabei aus Umfang oder Intensität des zu erwartenden Schadens.

Tatsachen, hier die Äußerung des Herrn Maier gegenüber seiner Frau, dass er sie erneut schlagen wird, rechtfertigen die Annahme, dass es zu einer erneuten Beeinträchtigung ihrer Gesundheit kommt. Er wird zunehmend aggressiver und spricht gegenüber uns und seiner Frau massive Drohungen aus.

Silke Maier wurde durch den Faustschlag bereits an ihrer Gesundheit geschädigt. Dies stellt eine bedeutsame Rechtsgutverletzung dar. Herr Maier bedroht seine Frau weiterhin, da er ihr sagt, dass er sie erneut schlagen will.

Öffentliche Sicherheit
Die öffentliche Sicherheit umfasst alle geschriebenen Rechtsnormen sowie die Individualrechtsgüter.

Wie bereits ausgeführt, liegt eine Straftat, die Körperverletzung zum Nachteil der Frau Maier, vor. Wenn gegenüber Herrn Maier kein Rückkehrverbot ausgesprochen wird, besteht die Gefahr für Frau Maier fort, auch nach dem Verlassen der Wohnung durch Herrn Maier.

Rechtsfolge:

Herr Maier darf als eine der Wohnung verwiesene Person nicht in die Wohnung oder den unmittelbar angrenzenden Bereich zurückkehren. Es besteht für ihn ein Rückkehrverbot.

Lösungsvorschlag a) und b):

3.5 Fristen und sonstige Bestimmungen

Fristen
Maßnahmen nach Abs. 3 durch den PVD sind auf höchstens vier Werktage befristet.

Die Polizeibeamten können gegenüber Herrn Maier den Wohnungsverweis/das Rückkehrverbot bis zu vier Tage aussprechen. Aber nur bis einschließlich dem Tag, an dem die Polizeibehörde wieder tätig werden kann. Von der Einhaltung der Frist wird ausgegangen.

Formen
Die Maßnahmen sind an keine besonderen Formen gebunden.

Ergebnis:

Den Wohnungsverweis und das Rückkehrverbot auszusprechen, war rechtmäßig.

Fall 29
Wohnungsverweis und Gewahrsam – § 27 a Abs. 3 und § 28 PolG

Sachverhalt:

Sie sind am Samstag, 19.05.2018, mit Ihrem Streifenpartner PHM Müller im Revierbereich Sindelfingen auf Streife, als Sie um 14.40 Uhr von der Wache den Auftrag erhalten, zu einem Hausstreit in der Wilhelm-Haspel-Straße 32 in Sindelfingen zu fahren. Die Anzeigeerstatterin, Frau Richter, habe per Notruf mitgeteilt, dass sie sowohl von ihrem Mann geschlagen als auch von dessen Geliebte an den Haaren gezogen worden und deshalb zu einer Nachbarin, Frau Schön, wohnhaft Wilhelm-Haspel-Straße 36, geflüchtet sei.

In der Wilhelm-Haspel-Straße 36 treffen Sie in der Wohnung von Frau Schön auf Frau Richter. Ihr Gesicht ist rot, leicht geschwollen und ihre Haare sind sehr zerzaust. Frau Richter ist aufgebracht und völlig aufgelöst; erst nach entsprechender Beruhigung macht sie Ihnen gegenüber folgende Angaben:

„Mein Mann und ich saßen gerade bei einer Tasse Kaffee nach dem Mittagessen im Wohnzimmer, als kurz nach 14 Uhr, wie aus dem Nichts, die mir bis dahin unbekannte – wie sich später herausstellte – Geliebte meines Mannes an der Haustüre klingelte. Mein Mann öffnete und ließ diese Frau, sie heißt Sauber, ein.

Ich dachte mir nichts dabei, wir bekommen öfters Besuch. Plötzlich schrie mich diese Unbekannte an, ich solle sofort verschwinden, mein Mann liebe mich nicht mehr und liebe jetzt nur noch sie. Sie fing an, richtig rumzutoben und schrie, dass ich endlich meinen Mann freigeben soll. Sie wurde ausfällig, kam dann auf mich zugetorkelt. Dabei ist sie fast hingefallen, so betrunken war sie. Völlig überraschend zog sie mich mit beiden Händen an den Haaren, so dass ich richtig Haare verloren habe. Ich habe jetzt Kopfschmerzen. Dann hat sie mir noch gedroht, mich niederzumachen, sollte ich nicht nachgeben, indem ich akzeptiere, dass mein Mann mich jetzt auf der Stelle verlässt. Kurzzeitig habe ich die Fassung verloren, stellte dann aber diese Frau Sauber und meinen Mann zur Rede. Mein Mann hat dann nur noch zu dieser Frau gehalten, sie verteidigt und mich ebenfalls aufgefordert, dass ich sofort meinen Krempel packen und verschwinden soll; er würde jetzt in diesem Haus wohnen.

Das Haus ist unser gemeinsames Eigentum!

Als ich dies strikt verweigerte und meinen Mann aufforderte, selber samt seiner „stockbesoffenen Wanderhure" das Haus zu verlassen, flippte er aus. Es kam zum Streit, in dessen Verlauf ich von ihm mit den Worten: „Du dumme Schell!", „Daube Dachplatt!", „Gschuckte Beißzang!'", „Giftschpritz!" und dem Spruch „Du kriegsch dein Fett ab, Du Flachschippe!" beleidigt wurde. Wutentbrannt gab er mir zwei Ohrfeigen, bis ich nach draußen geflüchtet bin.

Bevor er die Haustüre schloss, warf er mir meine gute Lederhandtasche samt Geldbeutel und Ausweis hinterher, die aber in einer Rosenhecke landete, wobei an der Ledertasche leichte Beschädigungen entstanden sind.

Die Frau Sauber lallte und torkelte währenddessen im Wohnzimmer. Kurz bevor ich das Haus verließ, sah ich noch, dass sie sich auf unser Sofa setzte. Ich nahm die Tasche und flüchtete zu Frau Schön, meiner Nachbarin. So ein Verhalten muss ich mir doch nicht bieten lassen! Ich glaub, ich bin im falschen Film!

Und was wird aus unseren Zwillingen, die heute Abend von der Konfirmandenfreizeit heimkommen?"

Nachdem Sie die Befragung der Frau Richter abgeschlossen, ein weiteres Gespräch mit ihr geführt, sich von ihr und Frau Schön verabschiedet haben, begeben Sie sich zum Anwesen der Familie Richter. Sie klingeln mehrfach an der Haustüre. Nach etwa einer Minute öffnet Herr Richter die Türe. Im Hintergrund hören Sie eine deutlich lallende Frauenstimme rufen: „Rolf, isch habs Glöcksche an de Hausdür klingle ghört".

Herr Richter macht auf Sie einen klaren Eindruck und bittet Sie in den Flur. Von dort können Sie eine Frau im Wohnzimmer auf dem Sofa liegen sehen. Sie begeben sich ebenfalls in das Wohnzimmer. Auf dem Tisch vor der Frau steht eine Flasche Sekt.

Herr Richter fragt Sie nach dem Grund des Erscheinens. Sie machen ihm den entsprechenden Tatvorhalt, worauf er äußert, dass es zu einem Zerwürfnis mit seiner „Noch-Ehefrau" gekommen sei. Diese sei danach freiwillig Hals über Kopf aus dem Haus gegangen. Sie brauche gar nicht mehr zurückzukommen, jetzt seien die Fronten geklärt und er wolle mit Gabi Sauber ein neues, sinnvolleres Leben beginnen. Nach Erläuterung der Rechtslage fordert PHM Müller Herrn Richter bis zur endgültigen Entscheidung der Behörde auf, die Wohnung sofort zu verlassen und bis Dienstag, 22.05.2018, 12.00 Uhr, nicht zurückzukehren. Herr Richter widerspricht zunächst, fügt sich dann aber (21.05.2018 war Pfingstmontag).

Frau Sauber erklären Sie in der Folge den Gewahrsam.

Ihren Ermittlungen nach wohnt sie allein in Stuttgart-Nord; ihre Eltern sind in Wiesbaden wohnhaft. Sie war mit der S-Bahn nach Sindelfingen gekommen.

Aufgaben:

a) Erläutern und begründen Sie sachverhaltsbezogen die materielle Rechtmäßigkeit der Mitnahme von Frau Sauber zur Dienststelle.

b) Erläutern und begründen Sie sachverhaltsbezogen die formelle und materielle Rechtmäßigkeit der Aufforderung an Herrn Richter, sofort die Wohnung zu verlassen.

Hinweis:

Gehen Sie von einem aktuellen BAK-Wert von 1,8 Promille aus. Auf Formen und Fristen ist nicht einzugehen. Gehen Sie bei der Prüfung der materiellen Rechtmäßigkeit ausschließlich auf die Tatbestandsvoraussetzungen und Rechtsfolge ein.

Lösungsvorschlag a):

3. Materielle Rechtmäßigkeit

3.1 Tatbestandsvoraussetzungen und Rechtsfolge

▶ Gewahrsam – § 28 Abs. 1 Nr. 1 PolG

Gewahrsam ist das nicht nur kurzfristige Festhalten einer Person an einem bestimmten, eng umgrenzten Ort durch die Polizei, wobei die körperliche Bewegungsfreiheit der Person beschränkt wird.

Bei der Mitnahme von Frau Sauber (S.) zur Dienststelle handelt es sich um einen Vorbeugungsgewahrsam gemäß § 28 Abs. 1 Nr. 1 PolG.

Das Verbringen der S. im Streifenwagen und die anschließende Unterbringung in einer Gewahrsamszelle (beides eng umgrenzte Orte) stellt ein längerfristiges Festhalten dar, wobei S. sich für diese Zeit nicht mehr frei bewegen kann.

▶ Unmittelbar bevorstehende erhebliche Gefahr

Eine Gefahr ist die objektive, nicht entfernte Möglichkeit eines Schadenseintritts. Sie ist unmittelbar bevorstehend, wenn der Eintritt eines Schadens nach objektiven Erfahrungssätzen sofort oder in allernächster Zeit zu erwarten ist, wenn die Polizei nicht einschreitet.

S. ist stark alkoholisiert. Sie torkelt, fällt beim Laufen fast hin und lallt, was auch die BAK von 1,8 Promille bestätigt. Da S. nicht im Haus der Richters bleiben kann, wäre es erfahrungsgemäß nur eine Frage der Zeit, bis sie auf ihrem Heimweg nach Stuttgart-Nord mit der S-Bahn selbst Schaden nehmen würde, weil sie z. B. stürzt, auf die Gleise fällt oder andere Personen aufgrund ihrer Aggressivität verbal oder körperlich angreift. Ein Schaden wäre also alsbald zu erwarten.

Bei einer erheblichen Gefahr wird ein bedeutsames Rechtsgut bedroht oder die Erheblichkeit ergibt sich aus Umfang oder Intensität des zu erwartenden Schadens.

Würde die stark alkoholisierte S. alleine auf den Heimweg geschickt werden, wäre ihre Gesundheit, ein bedeutsames Rechtsgut, durch Stürze, Unfälle u. Ä. bedroht. Möglicherweise würde sie auch andere Personen körperlich angreifen oder fremde Sachen willentlich beschädigen, so dass auch die Gesundheit und das Eigentum anderer, ebenfalls bedeutsame Rechtsgüter, bedroht wären.

▶ Öffentliche Sicherheit

Die öffentliche Sicherheit umfasst die Gesamtheit der geschriebenen Rechtsnormen sowie den Schutz der Individualrechtsgüter.

Die öffentliche Sicherheit ist in zweierlei Hinsicht betroffen. Zum einen würde S. sich nach dem StGB (einer geschriebenen Rechtsnorm) strafbar machen, wenn sie andere Personen verletzt (KV) oder fremde Sachen beschädigt (Sachbeschädigung). Außerdem ist sowohl ihre eigene als auch die Gesundheit anderer Personen ein Individualrechtsgut, das es zu schützen gilt.

▶ Auf andere Weise nicht verhindert

Bedeutet, dass weniger einschneidende Mittel nicht zum Erfolg führen oder bereits erfolglos angewandt wurden. Es muss stets geprüft werden, ob nicht irgendeine Alternative zum Gewahrsam besteht, mit der der polizeiliche Zweck ebenso erreicht werden könnte.

Angesichts der Tatsachen, dass S. in Stuttgart-Nord wohnhaft ist, ihre Eltern in Wiesbaden wohnen, Frau S. das Haus definitiv verlassen muss und so stark alkoholisiert ist, dass man sie nicht allein mit der S-Bahn nach Hause schicken kann, kann die Gefahr auf andere Weise nicht verhindert werden, als sie in Gewahrsam zu nehmen.

Sie in die Obhut des Herrn Richter zu geben, ist auch nicht möglich, da dieser sich nach dem Wohnungsverweis selbst eine Wohngelegenheit suchen muss.

Rechtsfolge:

S. muss mit uns auf die Dienststelle und die nächsten Stunden in der Gewahrsamszelle verbringen. Sie muss diese Freiheitsentziehung dulden.

3.2 Adressat

Verhaltensstörer nach § 6 Abs. 1 PolG ist jede Person, die durch ihr Verhalten bewusst oder unbewusst eine Gefahr für die Störung der öffentlichen Sicherheit oder Ordnung hervorgerufen hat.

S. ist Verhaltensstörerin, da sie durch ihren stark alkoholisierten Zustand (hervorgerufen durch bewussten Alkoholkonsum) unbewusst eine Gefahr für die öffentliche Sicherheit hervorgerufen hat (s. o.). Somit ist sie der richtige Adressat unserer Maßnahme.

Es sind keine Fehler hinsichtlich des Adressaten erkennbar.

3.3 Ermessensausübung

Es lag eine Ermessensreduzierung auf Null vor, da die körperliche Unversehrtheit der S. und anderer Personen, die mit ihr in Kontakt kommen, gefährdet war.

Das Entschließungsermessen wurde korrekt ausgeübt.

Die Auswahl der Maßnahme, der Gewahrsam, war ebenfalls richtig, da es uns so tatsächlich möglich war, zu verhindern, dass S. in ihrem Zustand Schaden nimmt. Der Gewahrsam war erforderlich, d. h., notwendig und zweckmäßig.

Er war notwendig, da eine polizeiliche Aufgabe – Gefahrenabwehr – vorlag. Er war außerdem zweckmäßig, da es uns so tatsächlich möglich war, das polizeiliche Ziel, S. und andere zu schützen, zu erreichen.

3.4 Grundsatz der Verhältnismäßigkeit

Geeignet nach § 5 Abs. 1 PolG ist jede Maßnahme, die objektiv tauglich ist, d. h., das polizeiliche Ziel erreichen kann (siehe Zweckmäßigkeit).

Weiterhin muss nach § 5 Abs. 1 PolG das mildeste Mittel angewandt werden. Siehe hierzu Erläuterungen bei TBV *auf andere Weise.*

Bei der VHM im engeren Sinne gilt es, die durch die Polizei begangenen Grundrechtseingriffe mit den zu schützenden Rechtsgütern abzuwägen.

Da der Grundrechtseingriff in die Freiheit der Person (Art. 2 Abs. 2 GG) der S. in keinem krassen Missverhältnis zum Schutz der körperlichen Unversehrt-

heit der S. selbst und anderer Personen sowie dem Schutz des Eigentums anderer steht, war der Gewahrsam auch im engeren Sinne verhältnismäßig.

Ergebnis:

Die materielle Rechtmäßigkeit des Gewahrsams ist (vorbehaltlich der Formen und Fristen) gegeben.

Lösungsvorschlag b) – formelle Rechtmäßigkeit:

2. Formelle Rechtmäßigkeit

2.1 Zuständigkeitsabgrenzung

Gemäß § 59 PolG setzt sich die Polizei aus der Polizeibehörde (PB) und dem Polizeivollzugsdienst (PVD) zusammen.

Mein Praxisausbilder und ich sind Angehörige des PVD und gehören somit zur Polizei.

Gemäß § 60 Abs. 1, 1. HS PolG ist für die Wahrnehmung der polizeilichen Aufgaben grundsätzlich die Polizeibehörde zuständig.

Im Ausgangsfall werden wir nach § 60 Abs. 2 PolG im Zuge der sogenannten Eilzuständigkeit tätig, da ein sofortiges Tätigwerden erforderlich erscheint und nicht erst abgewartet werden kann, bis die Polizeibehörde entscheidet, wie mit Herrn Richter (R.) zu verfahren ist.

2.2 Örtliche Zuständigkeit

Gemäß §§ 75, 76 PolG ist die Polizei im ganzen Land BW zuständig, soll aber in erster Linie in ihrem zugeteilten Dienstbezirk tätig werden. Als Angehörige des Polizeireviers Sindelfingen sind wir für die Wilhelm-Haspel-Straße in Sindelfingen zuständig, da sie im Revierbereich liegt.

2.3 Erkennbarkeit

Als Angehörige des PVD sind wir an unserer vollständigen Uniform, dem Streifenwagen und ggf. durch Vorzeigen des Dienstausweises erkennbar.

Die formelle Rechtmäßigkeit ist gegeben.

Lösungsvorschlag b) – materielle Rechtmäßigkeit:

3.1 Tatbestandsvoraussetzungen und Rechtsfolge

▶ **Wohnungsverweis – § 27 a Abs. 3 PolG**

▶ **Unmittelbar bevorstehende erhebliche Gefahr**
Definition *Gefahr*: s. o.
Definition *unmittelbar bevorstehende Gefahr:* s. o.
Definition *erheblich*: s. o.

▶ **Unmittelbar bevorstehend**
Aufgrund der Auseinandersetzung der Eheleute Richter, in deren Verlauf R. seine Frau heftig beleidigte und sie zweimal ohrfeigte, und der Tatsache, dass er äußerte, sie brauche nicht mehr zurückzukommen, die gemeinsamen Kinder aber am Abend wieder nach Hause kommen, ist das Konfliktpotenzial so hoch, dass nach objektiven Erfahrungssätzen in allernächster Zeit mit erneuten Handgreiflichkeiten des R. gegenüber seiner Frau zu rechnen ist, wenn wir nicht einschreiten.

▶ **Erheblich**
R. äußert gegenüber seiner Frau: „Du kriegsch dein Fett ab." Die Gesundheit (körperliche Unversehrtheit) von Frau R., die ein bedeutsames Rechtsgut darstellt, ist durch ihren offensichtlich gewaltbereiten Mann bedroht.

▶ **TBV öffentliche Sicherheit**
Definition *öffentliche Sicherheit*: s. o.

Die öffentliche Sicherheit ist betroffen, da die körperliche Unversehrtheit der Frau R. ein Individualrechtsgut darstellt, das es zu schützen gilt.

Zudem ist eine geschriebene Rechtsnorm betroffen, da die Ohrfeigen und jegliche weitere tätliche Angriffe auf seine Frau Körperverletzungen und die Beschädigung der Handtasche und weiterer Sachen, die R. im Verlauf des weiteren Streits beschädigen könnte, Sachbeschädigungen nach dem StGB darstellen.

▶ **Zum Schutz eines anderen Bewohners der Wohnung**
Beim Haus der Familie handelt es sich um eine Wohnung im Sinne der Norm, da Familie R. die Räumlichkeiten der allgemeinen Zugänglichkeit entzogen und darin Privatsphäre entwickelt hat (Freistätte privaten Wirkens).

Frau R. wohnt gemeinsam mit ihrem Mann und den beiden Kindern in dem Haus, das ohne Zweifel als Wohnung anzusehen ist. Somit fällt Frau R. auch unter den Begriff (TBV) „andere Bewohnerin".

Zu ihrem Schutz vor weiteren Ohrfeigen, Schlägen oder sonstigen Gewalttätigkeiten und Nötigungen wird R. aufgefordert, das Haus zu verlassen.

▶ Erforderlich

Erforderlich heißt, auf andere Weise nicht erreichbar.

Es gab bei der vorliegenden Ausgangssituation keine andere mildere Maßnahme mit gleicher Erfolgsaussicht, als R. aus dem Haus zu verweisen, da er seine Frau mit Beleidigungen und Ohrfeigen zum Verlassen des Hauses gezwungen hat und auch gegenüber uns äußerte, sie brauche nicht wiederzukommen.

Somit scheint der Konflikt nach wie vor zu schwelen und angesichts dessen, dass R. bereits handgreiflich wurde und die Kinder am Abend nach Hause kommen (Kinder bleiben in solchen Fällen bei der Mutter), muss er das Haus zum Schutz seiner Frau verlassen.

Ergebnis:

Die Tatbestandsvoraussetzungen für den Wohnungsverweis sind gegeben.

Hinweis:

Zur TBV „erforderlich" siehe Hinweis auf Seite 169.

Fall 30
Betreten Wohnung – § 31 Abs. 1 PolG

Sachverhalt:

Sie befinden sich am Freitagabend, 19.10.2018, mit Ihrem Streifenpartner auf Streifenfahrt im Stadtgebiet Meersburg, als Sie gegen 21.15 Uhr über Funk den Auftrag erhalten, zur Lindauer Straße 100 zu fahren. Laut Mitteilung eines Anwohners sitze dort eine völlig aufgelöste und weinende Frau auf dem Gehweg.

Vor der angegebenen Adresse sehen Sie eine junge Frau auf der Treppe sitzen.

Bei näherem Hinsehen können Sie erkennen, dass sie ein frisches blaues Auge hat. Sie gibt Ihnen gegenüber an, dass sie Julia Schmidt heiße und von ihrem Ehemann zum wiederholten Mal geschlagen worden sei. Dies würde immer dann passieren, wenn sie länger arbeiten müsse, da ihr Mann ihr eine Affäre mit einem Arbeitskollegen unterstelle.

Auch heute hätte sie länger arbeiten müssen. Daraufhin habe er ihr bei der Rückkehr sofort heftige Vorwürfe gemacht und sie mit der Faust ins Gesicht geschlagen. Auch seien die gemeinsamen Kinder, 10 und 12 Jahre alt, noch in der Wohnung.

Sie begeben sich daraufhin zur Wohnung; es ist mittlerweile 21.30 Uhr.

Aus der Wohnung hören Sie laute Musik. Auch nach mehrmaligem Klingeln wird nicht geöffnet. Da die Wohnungstür nur angelehnt ist, gehen Sie daraufhin in die Wohnung. In der Wohnung treffen Sie auf einen Mann, der sich später als Franz Schmidt ausweist. Er ist nüchtern, macht aber einen äußerst wütenden Eindruck auf Sie.

Auf den Vorfall angesprochen, meint er, dass sich seine Frau wieder einmal „herumgetrieben“ und eine Affäre mit ihrem Arbeitskollegen habe, was er auf keinen Fall dulden würde. Nach ihrer Rückkehr sei es deshalb zu einem verbalen Streit gekommen und er habe ihr eine leichte Ohrfeige gegeben. Er äußert, dass sie bloß nicht mehr wiederkommen solle, weil die Sache noch nicht geklärt sei.

Sie erklären ihm daraufhin einen bis Montag befristeten Wohnungsverweis. Herr Schmidt beruhigt sich daraufhin etwas und gibt seinen Wohnungsschlüssel heraus. Der ausgesprochene Wohnungsverweis wird von ihm anschließend stillschweigend akzeptiert. Er packt einige persönliche Gegenstände zusammen und verlässt die Wohnung.

Aufgabe:
Erläutern und begründen Sie sachverhaltsbezogen die materielle Rechtmäßigkeit für das Hineingehen der Polizeibeamten in die Wohnung des Herrn Schmidt gegen 21.30 Uhr.

Hinweis:
Auf Adressat, Ermessensausübung, Verhältnismäßigkeit sowie Fristen und sonstige Bestimmungen ist nicht einzugehen!

Lösungsvorschlag:

3. Materielle Rechtmäßigkeit

3.1 Tatbestandsvoraussetzungen und Rechtsfolge

▶ Betreten der Wohnung – § 31 Abs. 1 PolG
Hier kommt ein *Betreten* einer *Wohnung* durch die *Polizei gegen den Willen des Inhabers zur Nachtzeit* aufgrund einer *schweren Gesundheitsgefahr, erfordorlich zum Schutz des Einzelnen*, in Frage.

▶ Wohnung
Jeder nicht allgemein zugängliche Raum, der zur Stätte des Aufenthalts oder Wirkens von Menschen gemacht wird.

Im SV handelt es sich um die Wohnung der Familie Schmidt.

▶ Betreten
Das Betreten umfasst das Eintreten, notfalls das gewaltsame Eindringen, das Verweilen und das Treffen einfacher Feststellungen (ohne Behältnisse zu öffnen oder Veränderungen an der Wohnung vorzunehmen) in Wohnungen.

Hier gehen mein Streifenpartner und ich in die Wohnung und treffen dort direkt auf den Franz Schmidt.

▶ Gegen den Willen des Inhabers
Im Zweifelsfall muss davon ausgegangen werden, dass das Betreten der Wohnung gegen den Willen des Inhabers erfolgt, *da die Tür angelehnt ist und wir keine ausdrückliche Erlaubnis von dem Inhaber der Wohnung, Franz Schmidt, haben.*

▶ **Tages-/Nachtzeitregelung – § 31 Abs. 4 PolG**
Die Nachtzeit vom 01.10. bis 31.03. dauert von 21.00 – 06.00 Uhr.

Im Sachverhalt ist es bereits 21.30 Uhr, also Nachtzeit, so dass § 31 Abs. 1 Satz 2 PolG anzuwenden ist.

▶ **Schwere Gesundheitsgefahr**
Gefahr ist die objektive, nicht entfernte Möglichkeit des Schadenseintritts. Hier liegt eine schwere Gesundheitsgefahr vor, d.h. die Gefahr einer Beschädigung oder des Verlusts wichtiger Organe oder Gliedmaßen oder dauernde Entstellung.

Es besteht eine Gefahr für die Gesundheit der Frau Schmidt, da Herr Schmidt seine Frau bereits geschlagen hat und er auch mit weiteren Schlägen droht. Des Weiteren sind die gemeinsamen Kinder in der Wohnung, weshalb damit gerechnet werden muss, dass er auch die Kinder schlägt. Dies wäre ferner eine Misshandlung Schutzbefohlener. So muss man davon ausgehen, dass Franz Schmidt gegenüber seiner Frau und seinen Kindern aggressiv und gewalttätig wird, wenn wir wieder gehen und er in der Wohnung bleibt. Deshalb ist es zum Schutz der Kinder und der Ehefrau erforderlich, die Wohnung zu betreten.

▶ **Öffentliche Sicherheit**
Die öffentliche Sicherheit umfasst alle geschriebenen Rechtsnormen sowie die Individualrechtsgüter.

Der Bereich der öffentlichen Sicherheit ist tangiert, da hier eine Verletzung der körperlichen Unversehrtheit von Frau Schmidt und ihrer Kinder und auch der Verstoß gegen den Wohnungsverweis, was eine Ordnungswidrigkeit darstellen würde, unmittelbar droht.

▶ **Schutz des Einzelnen/Erforderlichkeit**
Das Betreten muss zum Schutz des Einzelnen erforderlich sein. Die Erforderlichkeit ist dann gegeben, wenn das polizeiliche Ziel nicht auf andere Weise erreicht werden kann.

Das polizeiliche Ziel lag im Sachverhalt im Schutz für Frau Schmidt und ihrer Kinder. Hätten wir die Wohnung nicht betreten, hätten wir nicht Herrn Schmidt davon abhalten können, seine Frau weiter zu schlagen, und Frau Schmidt hätte nicht in die Wohnung zurückkehren können.

Rechtsfolge:

Herr Schmidt muss es dulden, dass wir die Wohnung auch gegen seinen Willen betreten, einfache Feststellungen treffen und uns in dieser aufhalten, bis wir alle notwendigen Maßnahmen getroffen haben.

Ergebnis:

Das Betreten der Wohnung von Familie Schmidt war somit rechtmäßig.

Fall 31
Gewahrsam, Durchsuchung, PsychKHG

Sachverhalt:

Am Karfreitag 2018, gegen 23.00 Uhr, erhalten POKin Weiß und POM Witt den Auftrag, in die Schillerstraße 44 in Bad Liebenzell zu Frau Schwabe zu fahren. Herr Sorge, Mitbewohner des Mehrfamilienhauses, habe fernmündlich mitgeteilt, dass seine Nachbarin, Frau Schwabe, vor ca. 10 Minuten bei ihm gewesen sei und wieder einmal völlig „wirres Zeugs" geredet habe. Sie werde von „geheimen Mächten" in Form von Riesenzecken in ihrer Wohnung verfolgt und befände sich ständig unter deren Beobachtung. Ihm gegenüber habe Frau Schwabe nun jedoch erklärt, sie könne diese extreme Situation nicht länger ertragen und sie würde sich deshalb lieber gleich umbringen.

Unverzüglich fährt die Streife die Adresse an und klingelt an der im 4. Stock gelegenen Wohnung der Frau Schwabe.

Die Polizeibeamten werden von einer ca. 50-jährigen Frau, die einen verwirrten und ängstlichen Eindruck macht, begrüßt und gebeten, sofort in die Wohnung einzutreten; die Eingangstüre verschließt Frau Schwabe danach wieder mehrfach.

Die Wohnung macht einen unordentlichen und heruntergekommenen Eindruck. Den Beamten fallen zahlreiche kleine Schälchen auf, in denen, wie später in Erfahrung zu bringen ist, Honig eingefüllt worden ist. Sie bemerken, dass Frau Schwabe ständig an die Holzdecke starrt. Frau Schwabe äußert ernsthafte Suizidabsichten, da sie ständig von den massenhaft vorhandenen Zecken verfolgt werde. Diese würden sich eines Tages in großer Zahl und während der Dunkelheit von der Decke im Schlafzimmer fallen lassen, um sie im Schlaf zu töten.

Das ganze Zeckenvolk würde nur noch auf einen Befehl der Zeckenkönigin warten. Um das Zeckenvolk abzulenken, habe sie den Angreifern überall Honig aufgestellt, um sie zu besänftigen. Frau Schwabe führt die Streife sodann in ihr Schlafzimmer, wo auf dem Boden ein in Vollbetrieb befindlicher Fön mit der Mündung nach oben aufgestellt ist. Damit, erklärt sie der Streife, werden die Zecken eventuell in Schach gehalten.

Auf Nachfrage von POM Witt äußert Frau Schwabe, der Fön sei rund um die Uhr in Betrieb, sogar nachts, wenn sie versuche, Schlaf zu finden. Frau Schwabe äußert, dass sie lieber vorher sterben möchte, als von den Zecken ausgesaugt zu werden.

Aufgrund der Situation erklärt POKin Weiß Frau Schwabe den Gewahrsam.

Nach telefonischer Rücksprache mit ihrem Hausarzt befürwortet dieser eine sofortige Einweisung der Frau Schwabe in das Zentrum für Psychiatrie (ZfP) Hirsau. Vor dem Transport durchsucht POKin Weiß Frau Schwabe und findet in der Tasche der Jogginghose eine spitze Pinzette. Diese wird von POKin Witt einbehalten.

Aufgaben

Erläutern und begründen Sie sachverhaltsbezogen die materielle Rechtmäßigkeit

a) der Gewahrsamnahme der Frau Schwabe (auf den Adressaten, die Ermessensausübung, die Verhältnismäßigkeit ist nicht einzugehen),
b) der Durchsuchung von Frau Schwabe,
c) der zwangsweisen Einweisung in das ZfP Hirsau nach den Vorschriften des PsychKHG.

Lösungsvorschlag a):

3. Materielle Rechtmäßigkeit

3.1 Tatbestandsvoraussetzungen und Rechtsfolge

▶ **Gewahrsam – § 28 Abs. 1 Nr. 2 lit. c PolG**

Als POKin Weiß Frau Schwabe den Gewahrsam erklärte, könnte sie auf § 28 Abs. 1 Nr. 2 lit. c PolG zurückgegriffen haben. Diese Bestimmung regelt den Schutzgewahrsam. Dieser verlangt, dass der Gewahrsam zum eigenen Schutz einer Person gegen drohende Gefahr für Leib oder Leben erforderlich ist und die Person Selbsttötung begehen will.

Frau Schwabe vermutet Zecken in ihrer Wohnung und meint, von geheimen Mächten verfolgt zu werden. Sie äußert sich zuerst gegenüber ihrem Nachbarn, Herrn Sorge, dass sie diese Situation nicht mehr ertragen werde und sich deshalb lieber umbringen will, und auch gegenüber der Polizei äußert sie ernst zu nehmende Suizidabsichten.

Somit besteht hier der begründete Verdacht, dass sie sich tatsächlich das Leben nehmen möchte, und die Tatbestandsvoraussetzung „drohende Gefahr für Leib oder Leben" im Zusammenhang mit der geäußerten Selbsttötungsabsicht liegt vor.

Des Weiteren muss der Gewahrsam erforderlich sein, d. h., auf andere Weise lässt sich das polizeiliche Ziel nicht erreichen. Diese Maßnahme ist sozusagen „alternativlos".

Es war nur mit dem Gewahrsam möglich, einer potenziellen Selbsttötung von Frau Schwabe wirksam zu begegnen. Alternativen mit gleicher Erfolgsaussicht gab es nicht. Der Gewahrsam dient dem eigenen Schutz einer Person, hier der Frau Schwabe.

Ergebnis:

Somit war der Schutzgewahrsam rechtmäßig.

Lösungsvorschlag b):

3. Materielle Rechtmäßigkeit

3.1 Tatbestandsvoraussetzungen und Rechtsfolge

▶ Durchsuchung – § 29 Abs. 1 Nr. 1 PolG
Hier ist § 29 Abs. 1 Nr. 1 PolG einschlägig (zutreffend). Die Polizei (dazu gehört auch der PVD, vgl. § 59 PolG) kann eine Person durchsuchen, wenn sie u.a. nach dem PolG in Gewahrsam genommen werden darf.

Die Voraussetzungen für die Anordnung eines Gewahrsams sind erfüllt (oben geprüft). Somit ist die Durchsuchung der Person zum eigenen Schutz der Beamten zulässig.

3.2 Adressat

Verhaltensstörer gemäß § 6 Abs. 1 PolG ist eine Person, die durch ihr Verhalten bewusst oder unbewusst die Bedrohung oder Störung für die öffentliche Sicherheit oder Ordnung herbeigeführt hat. Adressat ist Frau Schwabe.

Sie ist Verhaltensstörer nach § 6 Abs. 1 PolG.

Sie ist auch Handlungsstörer, d.h. unmittelbarer Verursacher, da sie für ihr Handeln selbst verantwortlich ist und bewusst, hier eher unbewusst, eine Bedrohung der ö.S.o.O. herbeigeführt hat.

3.3 Ermessensausübung

Die Polizeibeamten handeln nach pflichtgemäßem Ermessen, § 3 PolG. Sie handeln nach dem Entschließungs- und Auswahlermessen. Sie entschließen sich, die Frau zu durchsuchen. Die Maßnahme muss erforderlich sein, d.h. notwendig und zweckmäßig. Eine polizeiliche Aufgabe muss erkennbar sein.

Hier handelt es sich um die Gefahrenabwehr gemäß § 1 Abs. 1 PolG. Die Polizeibeamten müssen von sich eine Gefahr abwehren. Das Mittel muss zur Beseitigung des polizeiwidrigen Zustands geeignet sein.

Durch die Durchsuchung wird die Gefahr für die Polizeibeamten abgewehrt, indem der Frau gefährliche Gegenstände abgenommen werden. Somit kann sie die Polizeibeamten nicht mehr bedrohen oder gar angreifen. Die Maßnahme war somit notwendig und zweckmäßig, da durch sie die Gefahr wirksam abgewehrt werden kann.

Hier liegt eine Ermessensreduzierung auf Null vor, da die Gesundheit der Beamten erfahrungsgemäß beim Transport einer Person, die vorher nicht durchsucht wurde, gefährdet ist. Daher ist die Durchsuchung notwendig; Ermessensfehler sind keine erkennbar.

3.4 Grundsatz der Verhältnismäßigkeit

Nach § 5 Abs. 1 PolG muss die Polizei das mildeste Mittel einsetzen.

Um die Gefahr für sich abzuwehren, bleibt nur die Durchsuchung. Die Frau ohne Durchsuchung mitzunehmen, wäre unverantwortlich und risikobehaftet.

In § 5 Abs. 2 PolG wird die Mittel-Zweck-Relation genannt.

Die Frau wird zwar in ihrem Grundrecht der Handlungsfreiheit (Art. 2 Abs. 1 i. V.m. Art. 1 Abs. 1 GG) eingeschränkt. Dieses Grundrecht ist aber weniger bedeutsam als das Recht der Beamten auf Gesundheit. (Das Rechtsgut der Beamten [körperliche Unversehrtheit] wiegt schwerer als das Grundrecht von Frau Schwabe auf Handlungsfreiheit.)

Die Mittel-Zweck-Relation ist gegeben.

3.5 Fristen und sonstige Bestimmungen

Nach § 29 Abs. 3 PolG dürfen Personen nur von Personen gleichen Geschlechts durchsucht werden oder von Ärzten.

Da die Durchsuchung von POKin Weiß durchgeführt wurde, wurde diese Förmlichkeit erfüllt.

Ergebnis:

Die Durchsuchung der Frau war materiell rechtmäßig.

Lösungsvorschlag c):

Einweisung – PsychKHG

Da es sich hier um eine außerordentliche Unterbringung (= fürsorgliche Aufnahme) handelt, sind die Bestimmungen des Gesetzes über Hilfen und Schutzmaßnahmen bei psychischen Krankheiten (Psychisch-Kranken-Hilfe-Gesetz, kurz: PsychKHG) zutreffend (einschlägig).

Kranke Person – § 13 Abs. 1 PsychKHG

Frau Schwabe muss eine Person im Sinne des § 1 Nr. 1 PsychKHG sein, also krank durch eine psychische Störung u. a.

Frau Schwabe ist offensichtlich psychisch krank (Verdacht auf schizophrene Psychose) und stellt somit eine in § 1 Nr. 1 PsychKHG genannte Person dar.

Unterbringungsbedürftig – § 13 Abs. 1 PsychKHG

Eine Unterbringung in anerkannter Einrichtung **gegen den Willen** der Person ist möglich, wenn die Person aufgrund einer psychischen Störung krank oder behindert und somit **unterbringungsbedürftig** ist.

Frau Schwabe kann auch gegen ihren Willen in die anerkannte Einrichtung verbracht werden. Der Sachverhalt sagt darüber nichts aus, ob sie sich einer freiwilligen Behandlung unterziehen möchte. Sollte sie sich weigern, ist auch eine Unterbringung gegen ihren Willen möglich.

Insofern trifft die Formulierung aus § 2 Satz 2 PsychKHG (… und ihr Wille sind zu achten …) nur bedingt zu.

Eigen- oder Fremdgefährdung – § 13 Abs. 3 PsychKHG

Es muss eine Unterbringungsbedürftigkeit vorliegen, die sich aus der Krankheit selbst ergibt (eine Eigen- oder Fremdgefährdung muss vorliegen!).

Frau Schwabe ist unterbringungsbedürftig. Sie äußert, dass sie lieber sterben möchte, „bevor die Zecken sie aussaugen". Aus dem Sachverhalt geht somit deutlich eine Eigengefährdung hervor.

Anerkannte Fachklinik – § 14 Abs. 1 PsychKHG

Frau Schwabe muss in eine nach § 14 Abs. 1 PsychKHG anerkannte Einrichtung gebracht werden.

Bei dem ZfP Hirsau handelt es sich um eine anerkannte Fachklinik.

Dringende Gründe und sofortige Unterbringung – § 16 Abs. 1 und 2 PsychKHG

Nach § 16 Abs. 1 PsychKHG ist eine Aufnahme psychisch Kranker in eine psychiatrische Einrichtung nur möglich, wenn dringende Gründe für die Annahme vorliegen und eine sofortige Unterbringung erforderlich erscheint und die Vorrausetzungen für eine Unterbringung vorliegen. Dies liegt insbesondere vor, wenn bis zu einer Entscheidung des Gerichtes nicht abgewartet werden kann.

Eine anerkannte Einrichtung kann eine Person aufnehmen oder zurückhalten, bevor die Unterbringung beantragt oder angeordnet ist.

Frau Schwabe leidet an einer ausgeprägten schizophrenen Psychose. Sie äußert Suizidgedanken. In ihrem labilen und unberechenbaren Zustand muss mit dem Schlimmsten gerechnet werden.

Es liegt daher eine konkrete Eigengefährdung vor. Durch das geschilderte, eindeutig als psychische Krankheit einzustufende Verhalten der Frau mit unabsehbarem, nur noch eingeschränkt oder nicht mehr steuerbarem Verhalten können die „dringenden Gründe" und die „Unterbringungsbedürftigkeit" begründet werden.

Daher ist eine sofortige Unterbringung erforderlich; eine andere Maßnahme mit gleicher Erfolgsaussicht steht nicht zur Verfügung.

Auf eine gerichtliche Entscheidung kann nicht gewartet werden.

Nach § 16 Abs. 2 PsychKHG müssen dringende Gründe für die Annahme einer Krankheit und der Unterbringungsbedürftigkeit bestehen. Diese müssen **vor** der Aufnahme in der anerkannten Einrichtung durch einen Arzt festgestellt werden.

Durch den Hausarzt vor Ort wurde die akute Unterbringungsbedürftigkeit festgestellt.

Unterrichtungspflicht – § 74 Abs. 2 PolG

Danach ist die zuständige Polizeibehörde über die Unterbringung von Frau S. zu unterrichten.

Ergebnis:

Die Unterbringung von Frau Schwabe (Fürsorgliche Aufnahme) war rechtmäßig.

Fall 32
Betreten Wohnung – § 31 PolG

Sachverhalt:

Sie befinden sich am 19.08.2018 auf Streifenfahrt im Revierbereich und werden an die Wohnanschrift der Familie Müller geschickt, da laut der Nachbarin wieder einmal ein Streit im Gange sei.

Über das Lagebild erfahren Sie, dass es nicht der erste Fall von häuslicher Gewalt bei Familie Müller war und Herr Müller in der Vergangenheit bereits mehrere Wohnungsverweise deswegen erhalten hatte.

Als Sie gegen 11.00 Uhr unmittelbar vor der Wohnung sind, erhalten Sie von der Wache die Mitteilung, dass nun auch Frau Müller über Notruf angerufen habe. Sie habe mitgeteilt, dass sie sich im Schlafzimmer eingeschlossen hat und ihr Mann nunmehr versuche, mit einer Axt die Schlafzimmertür einzuschlagen.

Als unmittelbar danach die zweite Streife vor der Wohnungstür eintrifft und Sie laute Hilferufe und Schlaggeräusche aus der Wohnung hören, Ihnen aber auf starkes Klopfen und Klingeln nicht geöffnet wird, entschließen Sie sich, die Wohnungstür gewaltsam zu öffnen.

Im Wohnzimmer sehen Sie Karl Müller, der mit einer Axt auf eine Zimmertür einschlägt. Sie fordern ihn unmissverständlich auf, die Axt wegzulegen. Daraufhin kommt er in drohender Haltung mit der Axt auf Sie zu. Als er trotz Androhung des Pfeffersprays immer noch auf Sie zukommt, setzen Sie dieses gezielt ein. Herr Müller geht daraufhin schreiend zu Boden und hält seine Hände vor seine Augen.

Sie können daraufhin Herrn Müller die Fessel anlegen.

Im Schlafzimmer treffen Sie Frau Müller an. Da sie erhebliche Verletzungen aufweist, fordern Sie über die Wache einen Notarzt an.

Aufgabe:
Erläutern und begründen Sie sachverhaltsbezogen die materielle Rechtmäßigkeit des Betretens der Wohnung.

Hinweis:
Auf den Adressaten, die Ermessensausübung, die Verhältnismäßigkeit und die Fristen und sonstige Bestimmungen ist nicht einzugehen. Waffenrechtliche Aspekte sind ebenfalls nicht zu prüfen.

Lösungsvorschlag:

3. Materielle Rechtmäßigkeit

3.1 Tatbestandsvoraussetzungen und Rechtsfolge

▶ Betreten der Wohnung – § 31 Abs. 1 PolG
Gemäß § 31 Abs. 1 Satz 1 PolG kann die Polizei eine Wohnung gegen den Willen des Inhabers nur betreten, wenn dies zum Schutz eines Einzelnen oder gegen dringende Gefahren für die ö. S. o. O. erforderlich ist.

▶ Betreten
Das Betreten umfasst das Eintreten, notfalls das gewaltsame Eindringen, das Verweilen und das Treffen einfacher Feststellungen (ohne Behältnisse zu öffnen oder Veränderungen an der Wohnung vorzunehmen) in Wohnungen.

Mein Streifenpartner und ich öffnen gewaltsam die Wohnung und betreten diese anschließend. Wir treffen dort im Wohnzimmer auf Herrn Müller, der gerade dabei ist, mit einer Axt auf eine Zimmertüre einzuschlagen.

▶ Wohnung
Jeder nicht allgemein zugängliche Raum, der zur Stätte des Aufenthalts oder Wirkens von Menschen gemacht wird.

Im SV handelt es sich um die Wohnung der Familie Müller.

▶ Gegen den Willen des Inhabers
Im Zweifelsfall muss davon ausgegangen werden, dass das Betreten der Wohnung gegen den Willen des Inhabers erfolgt.

Da auf Klingeln und starkes Klopfen die Tür nicht geöffnet wird, müssen wir davon ausgehen, dass wir keine Erlaubnis von dem Inhaber der Wohnung, Herrn Müller, haben.

▶ Tages-/Nachtzeitregelung – § 31 Abs. 4 PolG
Die Nachtzeit vom 01.04. bis 30.09. dauert von 21.00–04.00 Uhr.

Im Sachverhalt ist es 11.00 Uhr, also findet der Einsatz zur Tageszeit statt, so dass § 31 Abs. 1 Satz 1 PolG Anwendung findet.

▶ Schutz des Einzelnen/Dringende Gefahr
Es muss mindestens eine dringende Gefahr vorliegen. Gefahr ist die objektive, nicht entfernte Möglichkeit eines Schadenseintritts.

Hier liegt eine Lebensgefahr für Frau Müller vor, d.h. ein Menschenleben wird durch Vernichtung oder erhebliche Gesundheitsschädigung bedroht.

Es besteht zum einen eine Gefahr für die Gesundheit und das Leben der Frau Müller, da Hilferufe und Schreie aus der Wohnung kommen und Herr Müller bei unserem Eintreffen mit der Axt in die Zimmertür schlägt, um sich Zutritt zu verschaffen. So muss man davon ausgehen, dass Herr Müller aggressiv ist und gegebenenfalls mit seiner Axt auf seine Frau einschlägt und diese schwer verletzt oder sogar tötet. Deshalb ist es zum Schutz der Ehefrau erforderlich, dass wir die Wohnung betreten.

▶ **Öffentliche Sicherheit**
Die öffentliche Sicherheit umfasst alle geschriebenen Rechtsnormen sowie die Individualrechtsgüter.

Die öffentliche Sicherheit ist tangiert, da hier eine Verletzung der hochrangigen Rechtsgüter Leben/körperliche Unversehrtheit von Frau Müller unmittelbar droht. Der Straftatbestand mindestens einer gefährlichen Körperverletzung durch Herrn Müller ist bereits verwirklicht.

▶ **Erforderlichkeit**
Sie ist dann gegeben, wenn das polizeiliche Ziel nicht auf andere Weise erreicht werden kann. Mildere Mittel mit gleicher Erfolgsaussicht gibt es nicht.

Da hier eine Gefahr für die Gesundheit und das Leben der Frau Müller besteht und Herr Müller bei unserem Eintreffen mit der Axt in die Zimmertür schlägt, um sich Zutritt zu verschaffen, muss die Wohnung von uns betreten werden, um Schlimmeres zu verhindern.

Rechtsfolge:

Herr Müller muss es dulden, dass wir – auch gegen seinen Willen – die Wohnung betreten, einfache Feststellungen treffen und uns in dieser aufhalten, bis wir alle notwendigen Maßnahmen getroffen haben.

Ergebnis:

Das Betreten der Wohnung von Familie Müller war somit rechtmäßig.

Fall 33
Durchsuchung Wohnung – § 31 PolG

Sachverhalt:

Am Samstagabend, 18.08.2018, 21.30 Uhr, befinden Sie sich auf Streife, als Sie und Ihr Kollege den Auftrag bekommen, in die Lindauer Straße 33 in Überlingen zu fahren. Eine Bewohnerin des Mehrfamilienhauses, Frau Kramer, hat mitgeteilt, dass es in der Nachbarwohnung bei Familie Maurer eine lautstarke Auseinandersetzung gebe. Sie hätte auch Schlaggeräusche und Schreie von Frau Maurer gehört, die vor lauter Schmerzen geschrien habe.

Vor Ort treffen Sie auf Frau Maurer, die sich in der Wohnung von Frau Kramer aufhält. Frau Maurer konnte aus ihrer Wohnung flüchten und ihren Wohnungsschlüssel mitnehmen.

Sie hat ein Hämatom am linken Auge sowie mehrere Blutergüsse an beiden Armen. Sichtlich verängstigt äußert sie, dass ihr Mann betrunken nach Hause gekommen und es einmal mehr zum Streit gekommen sei. Ihr Mann unterstelle ihr eine Affäre mit ihrem Chef. Der Streit sei eskaliert und dabei habe er sie mehrfach mit der Faust ins Gesicht geschlagen, sie schmerzhaft an den Armen gepackt und kurzzeitig sogar gewürgt.

Frau Maurer äußert, dass sie mit ihrem Mann nicht mehr zusammenleben wolle. Er drohte, dass er sie umbringen werde, wenn er sie zwischen die Finger bekäme.

Ferner gibt Frau Maurer Ihnen gegenüber an, dass sie Angst habe, dass er in diesem hochgradig erregten Zustand den beiden Kindern, die sich noch im Kinderzimmer aufhalten, auch etwas antun könnte.

Sie begeben sich nun zur 4-Zimmer-Wohnung von Familie Maurer und öffnen die Türe mit dem Schlüssel, den Ihnen Frau Maurer gegeben hat. Nach kurzer Suche sehen Sie Herrn Maurer in der Küche auf der Eckbank sitzend. Auf dem Tisch steht eine Flasche Wodka, die fast leer getrunken ist. Sie versuchen Herrn Maurer anzusprechen, der Sie aber sofort mit den Worten: „Raus hier oder ich schlag euch eins auf die Fresse!“ anschreit. Dabei springt er auf und versucht, Sie anzugreifen.

Es gelingt Ihnen, Herrn Maurer mit einfacher körperlicher Gewalt zu überwältigen und ihn auf dem Boden zunächst zu fixieren und zu fesseln.

Herr Maurer wehrt sich nach der Fesselung nur noch leicht, äußert aber durchgehend Hasstiraden und Drohungen gegenüber seiner Frau und Ihnen.

Sie erklären ihm daraufhin den Gewahrsam und verbringen ihn auf die Dienststelle.

Aufgaben:
Erläutern und begründen Sie sachverhaltsbezogen die materielle Rechtmäßigkeit der Durchsuchung der Wohnung von Familie Maurer.

Hinweis:
Gehen Sie dabei ausschließlich auf die Tatbestandsvoraussetzungen und Rechtsfolge sowie Fristen und sonstige Bestimmungen ein. Gehen Sie davon aus, dass der Gewahrsam bereits mit dem Ergebnis, dass er rechtmäßig ist, geprüft wurde.

Lösungsvorschlag:

3. Materielle Rechtmäßigkeit

3.1 Tatbestandsvoraussetzungen und Rechtsfolge

► **Durchsuchung – § 31 Abs. 2 Nr. 1 lit. a PolG**
Eine Durchsuchung ist die ziel- und zweckgerichtete Suche nach Personen, Sachen oder Gefahrenstellen in einer Sache.

Hier durchsuchen wir die Wohnung der Familie Maurer nach Herrn Maurer.

Die Polizei kann eine Wohnung nur durchsuchen, wenn **Tatsachen** die Annahme rechtfertigen, dass sich eine Person in der Wohnung befindet, die in **Gewahrsam** genommen werden darf.

Herr Maurer droht seiner Frau beim Verlassen der Wohnung damit, dass er sie umbringen werde. Aufgrund der Tatsache, dass er ihr bereits mehrfach mit der Faust ins Gesicht geschlagen hat, er sie an den Armen gepackt und sie sogar gewürgt hat, lässt sich schließen, dass Herr Maurer unberechenbar ist und auch weiterhin eine Gefahr für seine Frau darstellt, wenn sie wieder in die Wohnung zurückkehrt. Die Angst der Frau Maurer, dass er den gemeinsamen Kindern etwas antun könnte, ist ebenfalls nicht unbegründet, da Herr Maurer offensichtlich gerade in einer äußerst aggressiven Stimmung ist. Aufgrund dessen darf er in Gewahrsam genommen werden (wurde bereits als rechtmäßig geprüft).

Rechtsfolge:

Die Wohnung darf auch gegen den Willen der Wohnungsinhaber durchsucht werden.

3.5 Fristen und sonstige Bestimmungen

▶ Fristbestimmungen
Gemäß § 31 Abs. 8 PolG sind dem Wohnungsinhaber oder seinem Vertreter der Grund der Durchsuchung und die gegen sie zulässigen Rechtsbehelfe unverzüglich bekanntzugeben.

Dem Wohnungsinhaber konnte der Grund der Durchsuchung nicht mitgeteilt werden, weil er uns bei Erkennen sofort anschreit und angreift.

▶ Formbestimmungen
Gemäß § 31 Abs. 7 PolG hat der Wohnungsinhaber das Recht, bei der Durchsuchung anwesend zu sein.

Es wurde nach dem Wohnungsinhaber Herrn Maurer gesucht. Frau Maurer wollte nicht in die Wohnung mitgehen, um nach ihrem Mann zu schauen.

Gemäß § 2 DVO PolG ist über die Durchsuchung eine Niederschrift fertigen und auf Verlangen aushändigen.

Falls Herr Maurer es wünscht, wird ihm ein Durchsuchungsbericht ausgehändigt.

Ergebnis:

Die Durchsuchung der Wohnung der Familie Maurer ist rechtmäßig.

Merke:
Der wesentliche Unterschied zwischen dem Betreten der Wohnung nach § 31 Abs. 1 PolG und der Durchsuchung der Wohnung nach § 31 Abs. 2 PolG liegt in den unterschiedlichen Anforderungen bei den Tatbestandsvoraussetzungen und der formellen Rechtmäßigkeit.
Während beim Betreten, je nach Tages- oder Nachtzeit, eine Mindestanforderung an die Gefahrenstufe als Berechtigung zum Betreten einer Wohnung gestellt wird, ist bei der Durchsuchung keinerlei Gefahrenstufe gefordert.
Bei der Durchsuchung müssen Tatsachen für die Annahme vorliegen, dass sich in der Wohnung eine Person aufhält, die

- in Gewahrsam genommen werden darf,
- widerrechtlich festgehalten wird,

- infolge Hilflosigkeit an Leib oder Leben gefährdet ist oder
- Tatsachen die Annahme rechtfertigen, dass sich eine Sache in der Wohnung befindet, die sichergestellt oder beschlagnahmt werden darf.

Jedoch hat der Gesetzgeber hier in der formellen Rechtmäßigkeit den Richtervorbehalt in § 31 Abs. 5 PolG normiert, der in Art. 13 GG garantiert ist.

Hinweis:
Bei dem reinen Betreten einer Wohnung gilt: Tages-/oder Nachtzeit + jeweilige Mindestanforderung an die Gefahrenstufe.
Bei der Durchsuchung der Wohnung müssen Tatsachen für eine der vier Varianten vorliegen + Richtervorbehalt beachtet werden.

Fall 34
Beschlagnahme – § 33 PolG

Sachverhalt:

Sie sind beim Polizeirevier Rastatt und befinden sich mit Ihrem Praxisausbilder auf Streifenfahrt, als Sie gegen 11.00 Uhr in die Gernsbacher Straße 43 geschickt werden. In der dortigen Gaststätte „Zur Schenke" würde sich eine junge Frau im Toilettenbereich aufhalten, die voll mit Blut beschmiert sei. Sie würde wirr daherreden.

Vor Ort werden Sie von der Wirtin, die angerufen hatte, direkt zu dem WC geführt. Sie gibt an, dass Gäste sie auf die junge Frau aufmerksam gemacht hätten, weil sie sich in einer Damentoilette eingeschlossen und herumgeschrien hätte. Auf ihr und das Zureden der Gäste habe sie die Toilettentür aufgemacht. Die Frau sei von oben bis unten voll mit Blut gewesen. Auf Ansprache habe sie jedoch nur wild um sich geschlagen und geschrien.

In der Damentoilette angekommen öffnen Sie die Türe und sehen die junge Frau neben der Toilette sitzen. Immer wieder schlägt sie ihren Kopf an die Wand und spricht wirre Dinge.

Die Wände des Toilettenraumes sind mit Blut beschmiert. Die junge Frau hat eine Platzwunde an der rechten Stirnseite und ihre Hände sind mit Blut verschmiert. Sie macht einen aufgewühlten und verängstigten Eindruck.

Als Sie die junge Frau nach ihren Personalien fragen, antwortet sie Ihnen nicht, sondern fängt an, leise vor sich hin zu singen. Es gelingt Ihnen nicht, mit ihr ins Gespräch zu kommen, da sie „geistesabwesend" wirkt und auf Fragen überhaupt nicht reagiert. Ihrer Aufforderung, aufzustehen und mit ins Lokal zu kommen, folgt sie jedoch wortlos.

Sie beschließen, die junge Frau zu durchsuchen. Bei der Durchsuchung ihres Mantels finden Sie darin ihren Personalausweis und eine Nagelschere.

Sie beschlagnahmen die Nagelschere. Bei der jungen Frau handelt es sich laut Personalausweis um Tanja Wirr, geb. 01.01.1988 in Hirsau, wh. Rastatt, Friedrich-Hecker-Str. 90.

Sie versuchen weiterhin, mit Frau Wirr ins Gespräch zu kommen, um die Herkunft des Blutes bzw. den Grund ihres Verhaltens zu klären.
Frau Wirr beginnt während des Gesprächs – neben dem ununterbrochenen Singsang – immer lauter und heftiger mit beiden Schuhen auf den Fußboden zu stampfen.

Sie entschließen sich, Frau Wirr ins Zentrum für Psychiatrie zu bringen.

Aufgabe:
Erläutern und begründen Sie sachverhaltsbezogen die materielle Rechtmäßigkeit der Beschlagnahme der Nagelschere bei Frau Wirr.

Hinweis:
Auf den Adressaten, die Ermessensausübung, die Verhältnismäßigkeit und die Fristen und sonstige Bestimmungen ist nicht einzugehen. Waffenrechtliche Aspekte sind ebenfalls nicht zu prüfen.

Lösungsvorschlag:

3. Materielle Rechtmäßigkeit

3.1 Tatbestandsvoraussetzungen und Rechtsfolge

▶ **Beschlagnahme – § 33 Abs. 1 Nr. 2 PolG**
Gemäß § 33 Abs. 1 Nr. 2 PolG kann ein Gegenstand beschlagnahmt werden, wenn dies **erforderlich** ist, um eine **missbräuchliche Verwendung** zu verhindern, und die Person nach dem PolG oder anderen Rechtsvorschriften **festgehalten** *oder* **in Gewahrsam** genommen werden darf.

▶ **Missbräuchliche Verwendung**
Liegt vor, wenn durch den Gegenstand die Person sich selbst oder andere gefährden oder sich die Person durch den Gegenstand dem Gewahrsam entziehen könnte.

Frau Wirr könnte sich oder uns mit der Nagelschere gefährden. Sie könnte auch versuchen, sich mit der Nagelschere dem Gewahrsam zu entziehen, da diese grundsätzlich dazu geeignet ist, Verletzungen herbeizuführen.

▶ **Person, die festgehalten werden darf**
Des Weiteren muss der Gegenstand einer Person gehören, die nach dem PolG oder anderen Rechtsvorschriften festgehalten werden darf.

Frau Wirr darf gemäß § 26 Abs. 1 Nr. 1 PolG zur Identitätsfeststellung festgehalten werden.

▶ **Erforderlichkeit**
Die Erforderlichkeit ist dann gegeben, wenn das polizeiliche Ziel nicht auf andere Weise erreicht werden kann.

Die Beschlagnahme der Nagelschere, wenn auch nur kurzfristig, war erforderlich, da die Gefahr bestand, dass Frau Wirr diese verwendet, um sich oder uns zu gefährden, da sie auch während unserer Anwesenheit „geistesabwesend" wirkt. Durch die Beschlagnahme der Nagelschere war die Gefahr gebannt und Frau Wirr konnte gefahrlos in Gewahrsam genommen werden.

▶ **Öffentliche Sicherheit**

Die öffentliche Sicherheit umfasst alle geschriebenen Rechtsnormen sowie die Individualrechtsgüter.

Die öffentliche Sicherheit ist tangiert, da hier eine Verletzung des bedeutenden Rechtsguts der körperlichen Unversehrtheit von Frau Wirr (die Wände der Toilette waren schon mit Blut verschmiert und sie schlug ihren Kopf mehrfach gegen die Wand) bereits vorliegt.

Rechtsfolge:

Frau Wirr muss es dulden, dass ihr von uns die Schere weggenommen wird und sie diese auch zunächst nicht wiederbekommt.

Ergebnis:

Die Beschlagnahme der Nagelschere von Frau Wirr war somit rechtmäßig.

Fall 35
Beschlagnahme – § 33 PolG

Sachverhalt:

Gegen 22.30 Uhr ruft Frau Schmidt sehr verängstigt über Notruf an und teilt mit, dass sie soeben einen Anruf ihres Mannes erhalten habe, in dem er sie aufs Übelste beleidigte und ihr androhte, zurückzukommen und ihr zu zeigen, wer der „Chef" ist. Herr Schmidt war erst eine halbe Stunde zuvor von Ihnen und Ihrem Streifenpartner aus der Wohnung verwiesen worden, da er seiner Frau gegenüber handgreiflich geworden war. Aufgrund seiner Aussprache und seiner Aggressivität nimmt Frau Schmidt an, dass ihr Mann einiges an Alkohol getrunken habe. In diesem Zustand sei er völlig unberechenbar.

Sie teilt Ihnen weiter mit, dass ihr Mann eine Pistole besitze. Er sei mit seinem schwarzen 3er BMW, amtliches Kennzeichen KN-FS 405, unterwegs.

Gegen 23.00 Uhr fahren Sie mit einer zweiten Streife zur gemeinsamen Wohnung in der Lindauer Straße.

Dort eingetroffen, stellen Sie den schwarzen BMW des Herrn Schmidt unweit der Wohnung fest. Herr Schmidt kann von Ihnen im Bereich des Hintereingangs des Anwesens Lindauer Straße 100 angetroffen werden. Als er Sie bemerkt, nimmt er eine drohende Haltung ein und schreit: „Einen Franz Schmidt wirft man nicht ungestraft aus seiner Wohnung!" Er ist offensichtlich angetrunken.

Nach Androhung von Zwangsmitteln gelingt es Ihnen zusammen mit der zweiten Streife, den Mann zu überwältigen. Sie erklären ihm den Gewahrsam, durchsuchen ihn und finden in der Jackentasche eine Schusswaffe, die Sie ihm abnehmen. Wie sich später herausstellte, handelte es sich um eine ungeladene Schreckschusswaffe (Pistole Luger, PTB im Kreis).

Aufgabe:
Erläutern und begründen Sie sachverhaltsbezogen die materielle Rechtmäßigkeit für die Beschlagnahme der Schusswaffe.

Hinweis:
Auf Adressat, die Ermessensausübung und die Verhältnismäßigkeit ist nicht einzugehen! Ebenso nicht auf waffenrechtliche Verstöße. Gehen Sie davon aus, dass der Gewahrsam rechtmäßig erfolgt ist.

Lösungsvorschlag:

3. Materielle Rechtmäßigkeit

3.1 Tatbestandsvoraussetzungen und Rechtsfolge

▶ **Beschlagnahme – § 33 Abs. 1 Nr. 2 PolG**
Gemäß § 33 Abs. 1 Nr. 2 PolG kann ein Gegenstand beschlagnahmt werden, wenn dies **erforderlich** ist, um eine **missbräuchliche Verwendung** zu verhindern, und die Person nach dem PolG oder anderen Rechtsvorschriften **festgehalten** *oder* **in Gewahrsam** genommen werden darf.

▶ **Missbräuchliche Verwendung**
Liegt vor, wenn durch den Gegenstand die Person sich selbst oder andere gefährden oder sich die Person durch den Gegenstand dem Gewahrsam entziehen könnte.

Die Schreckschusswaffe des Herrn Schmidt wird im Sachverhalt beschlagnahmt, um zu verhindern, dass er mit dieser sich oder uns gefährdet oder er versucht, sich damit aus dem Gewahrsam zu befreien. Da er uns gegenüber geäußert hat, dass man einen Franz Schmidt nicht ungestraft aus dem Haus wirft, ist mit einer missbräuchlichen Verwendung durch den Waffeninhaber zu rechnen. Auch liegt der Einsatz der Waffe gegenüber seiner Frau nicht fern.

▶ **Person, die in Gewahrsam genommen werden darf**
Des Weiteren muss der Gegenstand einer Person gehören, die nach dem PolG oder anderen Rechtsvorschriften in Gewahrsam genommen werden darf.

Herr Schmidt darf gemäß § 28 Abs. 1 Nr. 1 PolG in Gewahrsam genommen werden.

▶ **Erforderlichkeit**
Die Erforderlichkeit ist dann gegeben, wenn das polizeiliche Ziel mit milderen Mitteln nicht erreicht werden kann.

Das polizeiliche Ziel ist die Gewahrsamnahme des Herrn Schmidt. Es bestand aber die Gefahr, dass Herr Schmidt die Pistole verwendet, um seine Frau oder uns zu gefährden, da er sich auch während unserer Anwesenheit weiterhin aggressiv und uneinsichtig verhält. Des Weiteren hätte er versuchen können, sich mit der Pistole unserem Gewahrsam zu entziehen. Deshalb musste die Pistole beschlagnahmt werden. Dadurch, dass über die

Pistole eine hoheitliche Verfügungsgewalt hergestellt wurde, war die Gefahr gebannt, wodurch die polizeiliche Maßnahme der Gewahrsamnahme durchgeführt werden konnte.

Öffentliche Sicherheit und Ordnung

Die öffentliche Sicherheit umfasst alle geschriebenen Rechtsnormen sowie die Individualrechtsgüter.

Der Bereich der öffentlichen Sicherheit ist betroffen, da hier eine Verletzung der körperlichen Unversehrtheit von Frau Schmidt und ihren Kindern und auch der Verstoß gegen den Wohnungsverweis, was einen Verstoß gegen eine Rechtsvorschrift bedeutet, unmittelbar droht.

Rechtsfolge:

Herr Schmidt muss dulden, dass seine Waffe, auch gegen seinen Willen, beschlagnahmt wird.

3.5 Fristen und sonstige Bestimmungen

Gemäß § 33 Abs. 3 PolG muss dem von der Beschlagnahme Betroffenen der Grund der Beschlagnahme und die möglichen Rechtsbehelfe unverzüglich bekannt gegeben werden.

Im Sachverhalt wird dazu nichts erwähnt. Die Beamten müssen ihm den Grund der Maßnahme und die Rechtsbehelfe bekanntgeben.

Gemäß § 33 Abs. 4 PolG muss die Beschlagnahme aufgehoben werden, sobald der Zweck erreicht ist.

Da im Sachverhalt dazu nichts erwähnt wird, wird davon ausgegangen, dass der Gegenstand entweder zur Einziehung vorbereitet oder die Beschlagnahme aufgehoben wurde, nachdem der Zweck (Sicherung des Gewahrsams) erreicht war.

Ergebnis:

Die Beschlagnahme der Schreckschusswaffe ist rechtmäßig.

Fall 36
Beschlagnahme – § 33 PolG

Sachverhalt:

Sie befinden sich am 21.09.2018 um 21.45 Uhr mit Ihrem Praxisausbilder auf Streifenfahrt, als Sie über Funk den Auftrag erhalten, in die Berliner Str. 6, Böblingen zu fahren.

Frau Kraft hatte gemeldet, dass in der Nachbarwohnung ein lautstarker Streit zwischen ihrer dort wohnenden Freundin, Selina Mond, und deren Freund Francesco Stella im Gange wäre.

An der besagten Wohnungstür können Sie lautstarkes Geschrei vernehmen. Erst nach mehrfachem Klingeln öffnet Selina Mond die Tür. Sie wirkt sehr verängstigt und etwas verwirrt; im Gesicht weist sie über der linken Augenbraue eine Platzwunde auf.

Im Wohnzimmer treffen sie Selinas Freund Francesco Stella auf dem Sofa sitzend an.

Er ist über das Erscheinen der Polizei sehr verärgert, schließlich sei es seine persönliche Angelegenheit, was er mit seiner „Frau“ mache; das gehe niemand etwas an, schon gar nicht die Polizei.

Herr Stella wirkt auf Sie alkoholisiert; mehrere leere Bierflaschen sowie eine noch halbvolle Flasche Wein stehen auf dem Fernsehtisch im Wohnzimmer. Vorsorglich stellen Sie die Flaschen in der nebenan liegenden Küche auf dem Tresen ab. Herr Stella ist sehr ungehalten, dass Sie ihm die Flaschen wegnehmen.

Aufgabe:
Erläutern und begründen Sie sachverhaltsbezogen die materielle Rechtmäßigkeit des Verbringens der leeren Bierflaschen in die Küche für die Dauer Ihres Einschreitens in der Wohnung.

Hinweis:
Gehen Sie nur auf die Tatbestandsvoraussetzungen und die Rechtsfolge ein.

Lösungsvorschlag:

3. Materielle Rechtmäßigkeit

3.1 Tatbestandsvoraussetzungen und Rechtsfolge

▶ **Beschlagnahme – § 33 Abs. 1 Nr. 1 PolG**

▶ **Schutz des Einzelnen/des Gemeinwesens**
Einzelner ist jede natürliche Person von der Geburt bis zum Tod.

Hier werden durch die Wegnahme der Flaschen sowohl Frau Mond als auch wir vor einem Angriff mit den Flaschen geschützt.

▶ **Unmittelbar bevorstehende Gefahr**
Eine Gefahr ist die objektive, nicht entfernte Möglichkeit eines Schadenseintritts.
Unmittelbar bevorstehend bedeutet, der Eintritt eines Schadens ist nach objektiven Erfahrungssätzen sofort oder in allernächster Zeit zu erwarten, wenn die Polizei nicht einschreitet.

Wenn die Flaschen weiterhin bei Herrn Stella stehen, der immer noch aggressiv ist, kann man nach allgemeiner objektiver Lebenserfahrung davon ausgehen, dass er diese möglicherweise dazu verwendet, Frau Mond oder uns damit zu verletzen und die Situation zu verschärfen, wenn wir diese nicht aus seiner Reichweite entfernen.

▶ **Öffentliche Sicherheit oder Ordnung**
Die öffentliche Sicherheit umfasst alle geschriebenen Rechtsnormen sowie die Individualrechtsgüter.

Hier ist das hochrangige Rechtsgut der körperlichen Unversehrtheit von Frau Mond bedroht. Herr Stella hat bereits eine Körperverletzung z. N. der Frau Mond begangen. Hier könnte eine weitere Straftat durch Herrn Stella verwirklicht werden.

▶ **Erforderlichkeit**
Die Erforderlichkeit als TBV ist dann gegeben, wenn das polizeiliche Ziel mit anderen (milderen) Maßnahmen nicht erreichbar erscheint.

Die Beschlagnahme der Flaschen, wenn auch nur kurzfristig, war die einzige taugliche Maßnahme, da die Gefahr bestand, dass Herr Stella diese verwendet, um seine Freundin oder uns zu gefährden, da er sich auch während unserer Anwesenheit weiterhin aggressiv und uneinsichtig verhält.

Rechtsfolge:

Herr Stella muss es dulden, dass ihm von uns die Flaschen weggenommen werden und er diese auch zunächst nicht wiederbekommt.

Ergebnis:

Das Verbringen der leeren Bierflaschen in die Küche für die Dauer unseres Einschreitens in der Wohnung war somit rechtmäßig.

Hinweis:
Ist das Wort „erforderlich" in den TBV genannt, wie z. B. in § 31 Abs. 1 oder § 33 PolG, ist es als TBV in Ziffer 3.1 zu prüfen! Es hat eine andere Bedeutung als der Begriff „erforderlich" bei der Prüfung im Rahmen der VHM in Ziffer 3.4!

3. Ganzheitliche Fälle

Fall 37
Komplettes Prüfungsschema

Sachverhalt:

Es ist Freitagnacht, 21.09.2018, 21.00 Uhr. Über Funk erhalten Sie und Ihr Streifenpartner vom Führungs- und Lagezentrum den Auftrag, auf den Schlossberg in Herrenberg zu fahren, weil dort eine männliche Person wohl völlig ausrasten würde.

Dies wurde über Notruf bereits durch mehrere Bürger telefonisch mitgeteilt. Bei dem aggressiven Mann soll es sich um den polizeibekannten 40 Jahre alten Frank S. handeln.

Sie fahren daraufhin unverzüglich den Ereignisort an.

Vor Ort stellen Sie eine größere Menschenmenge fest, in deren Mitte sich eine wild tobende Person aufhält. Wie sich herausstellt, handelt es sich tatsächlich um Frank S.

Als Sie sich den Weg durch die im Kreis stehenden Personen gebahnt haben, können Sie erkennen, dass Frank S. mit einem Butterflymesser im Mittelpunkt des Kreises steht und immer wieder um sich sticht und laut schreit. Augenscheinlich wurde jedoch noch keine der umstehenden Personen verletzt.

Sie können nicht verstehen, was Frank S. ruft. Er macht auf Sie jedoch einen verwirrten und stark alkoholisierten Eindruck. Neben ihm liegen mehrere Wodkaflaschen auf dem Boden.

Sie fordern Frank S. auf, das Messer sofort wegzulegen, andernfalls würden Sie das Pfefferspray einsetzen.

Auf diesen Anruf reagiert die Person jedoch überhaupt nicht, woraufhin Sie die Aufforderung noch ein weiteres Mal, ebenfalls erfolglos, wiederholen.

Als die Person einen Moment unaufmerksam ist, gelingt es Ihnen, Frank S. unter Einsatz des Pfeffersprays zu überwältigen.

Da er auf dem Boden anfängt sich massiv zu wehren, legen Sie ihm Handfesseln an und durchsuchen ihn.

Danach verständigen Sie einen Arzt und einen Rettungsdienst. Nachdem Sie dem Arzt nach seinem Eintreffen den Sachverhalt geschildert haben, empfiehlt dieser die Unterbringung der Person in einer psychiatrischen Einrichtung. Anschließend wird Frank S. mit dem Krankenwagen in Ihrer Begleitung bis zur psychiatrischen Einrichtung gefahren. Dort nehmen Sie ihm die Handfesseln wieder ab.

Aufgaben:

1. Erläutern und begründen Sie, ob die von den Polizeibeamten getroffenen Maßnahmen **rechtmäßig** sind.

Merke:
Bei dieser Fragestellung sind im Prüfungsschema die Punkte 1 (Benennen der Rechtsgrundlage), 2 (Formelle Rechtmäßigkeit) und 3 (Materielle Rechtmäßigkeit) komplett zu prüfen, wenn keine Negativabgrenzungen erfolgen.

Aufgaben:

2. Erläutern und begründen Sie sachverhaltsbezogen, ob es sich bei der Aufforderung, das Messer langsam wegzulegen, um einen **vollstreckbaren** Verwaltungsakt handelt!

Merke:
Bei dieser Fragestellung sind im Prüfungsschema unter Punkt 4 (Vollstreckung der Maßnahme) die Unterpunkte 4.1 bis 4.3 komplett zu bearbeiten, soweit keine Negativabgrenzungen erfolgen.

Aufgaben:

3. Erläutern und begründen Sie sachverhaltsbezogen, ob die **Anwendung** des Pfeffersprays sowie der Handfesseln **gemäß** dem **Polizeigesetz** (§§ 49 ff. PolG mit VwV zum PolG) zulässig war!

Merke:
Bei dieser Fragestellung ist im Prüfungsschema unter Punkt 5 (Auswahl des richtigen Zwangsmittels und dessen Rechtmäßigkeit) der Unterpunkt 5.1.2 komplett zu bearbeiten, soweit keine Negativabgrenzungen erfolgen.

Lösungsvorschlag:

1. Benennen der Rechtsgrundlage

Da die Beamten in die Grundrechte eines Bürgers eingreifen, bedarf ihr Handeln einer Rechtsgrundlage.

Da es für diesen Vorfall keine spezialgesetzliche Regelung gibt, ziehen die Beamten als Eingriffsgrundlage die Generalermächtigung im Sinne von § 1 Abs. 1 Satz 1 i. V. m. § 3 PolG heran.

2. Formelle Rechtmäßigkeit

2.1 Zuständigkeitsabgrenzung

Nach § 59 PolG besteht die Polizei aus den Polizeibehörden und dem Polizeivollzugsdienst (PVD).

Die im Sachverhalt genannten Beamten gehören dem PVD an und somit zur „Polizei".

Grundsätzlich ist nach § 60 Abs. 1, 1. HS PolG zur Wahrnehmung polizeilicher Aufgaben die Polizeibehörde zuständig. § 60 PolG lässt jedoch Ausnahmen zu. Im Sachverhalt werden Polizeibeamte nach § 60 Abs. 2 PolG im Rahmen der Eilzuständigkeit tätig, *da es Freitagabend um 21.00 Uhr ist und somit die Polizeibehörde nicht erreicht werden kann. Es kann auch nicht bis Montagfrüh abgewartet werden, da die Situation ein sofortiges Einschreiten erfordert.*

Aufgrund § 74 Abs. 2 PolG ist der PVD dazu verpflichtet, die Polizeibehörde über den Vorfall zu unterrichten.

2.2 Örtliche Zuständigkeit

Nach § 75 PolG sind die Polizeibeamten grundsätzlich im ganzen Landesgebiet zuständig, sollten jedoch nur in ihrem eigenen Dienstbezirk regelmäßig tätig werden.

Da sich die Beamten auf einer Streifenfahrt befinden und über Funk von der Wache den Auftrag bekommen, ist davon auszugehen, dass die Streifenbesatzung im eigenen Dienstbezirk tätig wird und § 75 PolG somit nachkommen.

2.3 Erkennbarkeit

Die Beamten gehören der Schutzpolizei an, weshalb sie eine Uniform tragen. Des Weiteren sind sie mit dem Streifenwagen unterwegs und haben ihre Dienstausweise dabei. Sie sind somit klar als Polizeibeamte erkennbar.

3. Materielle Rechtmäßigkeit

3.1 Tatbestandsvoraussetzungen und Rechtsfolge

Einzelner

Einzelner ist jede natürlich Person von Geburt bis Tod.

Jeder Passant und auch ich und mein Streifenpartner sind hier Einzelne.

Des Weiteren liegt im Sachverhalt eine **konkret drohende, schwere Gesundheitsgefahr** vor.

Konkret drohende Gefahr

Eine **Gefahr** ist die objektive, nicht entfernte Möglichkeit eines Schadenseintritts.

Hier könnte eine **konkret drohende Gefahr** vorliegen. Konkret drohend ist eine Gefahr dann, wenn ein Schadenseintritt nach allgemeiner Lebenserfahrung aufgrund objektiver Tatsachen mit großer Wahrscheinlichkeit in nächster Zeit zu erwarten ist.

Schwere Gesundheitsgefahr

Die Beschädigung oder der Verlust wichtiger Organe oder Gliedmaßen, die Beeinträchtigung der Gesundheit durch eine langwierige ernsthafte Krankheit.

Eine schwere Gesundheitsgefahr ist ebenfalls gegeben, da Frank S. durch einen plötzlichen Angriff auf einen Passanten mit seinem Butterflymesser ernsthafte Verletzungen hervorrufen könnte, bei dem durch Stichwunden Organe oder andere Gliedmaßen geschädigt bzw. verletzt werden könnten. Außerdem kann ein Schnitt oder Stich Narben hervorrufen, durch die Personen für immer entstellt werden könnten.

Öffentliche Sicherheit

Die Öffentliche Sicherheit umfasst die geschriebenen Rechtsnormen und die Individualrechtsgüter (z. B. Gesundheit und Eigentum).

Im Sachverhalt besteht eine schwere Gesundheitsgefahr in Form einer Bedrohung der umstehenden Passanten, meines Streifenpartners und mir. Die Individualrechtsgüter Leib, Leben und Gesundheit sind betroffen, weshalb die öffentliche Sicherheit tangiert ist.

Öffentliches Interesse
Öffentliches Interesse liegt in der Regel dann vor, wenn die öffentliche Sicherheit betroffen ist.

Da die öffentliche Sicherheit betroffen ist, schließt dies die öffentliche Ordnung mit ein.

Somit liegt unser Einschreiten im öffentlichen Interesse.

Rechtsfolge:

Frank S. muss alle von uns getroffenen Maßnahmen dulden.

3.2 Adressat

Verhaltensstörer gemäß § 6 Abs. 1 PolG ist eine Person, die durch ihr Verhalten bewusst oder unbewusst die Bedrohung oder Störung der öffentlichen Sicherheit oder Ordnung herbeigeführt hat.

Frank S. bedroht die Passanten, indem er mit seinem Butterflymesser um sich sticht. Deshalb ist er Störer gemäß § 6 Abs. 1 PolG und somit Adressat unserer Maßnahmen.

Die Maßnahmen sind also gegen ihn direkt zu richten. (Da nur auf diese Art und Weise der polizeiwidrige Zustand beseitigt werden kann.)

3.3 Ermessensausübung

Entschließungsermessen
Ob die Polizei einschreitet oder nicht, wird anhand § 3 PolG überprüft. Rechtliche Schranken stehen einem Einschreiten nicht im Wege.

Das pflichtgemäße Ermessen beinhaltet das Entschließungsermessen und das Auswahlermessen.

Das Entschließungsermessen tendiert im Sachverhalt gegen Null, *da Gefahr für Leib und Leben besteht und somit in jedem Falle eingeschritten werden muss.*

Auswahlermessen
bezieht sich auf das „Wie" des Einschreitens, wie eingeschritten wird.

Mein Streifenpartner und ich forderten Frank S. auf, das Messer wegzulegen, ansonsten würden wir das Pfefferspray einsetzen.

Die Auswahl der Maßnahme war rechtmäßig, *da es keine andere Möglichkeit gab, um die Bedrohung durch Frank S. zu verhindern, da er auch auf mehr-*

fache Aufforderungen nicht reagiert hat und sehr verwirrt und alkoholisiert wirkt.

Es liegen keine Ermessensfehler vor.

Erforderlichkeit
Der Gewahrsam muss außerdem erforderlich sein. Erforderlich bedeutet, dass die Maßnahme **notwendig** und **zweckmäßig** ist.

Im vorliegenden Fall ist ein Einschreiten notwendig, *da die oben genannten Gefahren für die umstehenden Passanten bestehen und es diese zu beseitigen gilt, Frank S. also überwältigt werden muss.*

Eine Maßnahme ist dann zweckmäßig, wenn durch sie das polizeiliche Ziel erreicht werden kann.

Das Einschreiten war ebenfalls zweckmäßig, da wir Frank S. mit dem Pfefferspray handlungsunfähig machen konnten und somit die Gefahren beseitigt wurden.

Eine Ermessensüberschreitung bzw. ein Ermessensmissbrauch konnte somit nicht festgestellt werden.

3.4 Grundsatz der Verhältnismäßigkeit

Geeignet
Geeignet ist jede Maßnahme, die objektiv tauglich ist, um das polizeiliche Ziel zu erreichen.

Der Einsatz von Pfefferspray war geeignet, um Frank S. zu überwältigen und die Gefahr von den Passanten abzuwehren.

Erforderlichkeit (mildestes Mittel)
Weiterhin muss das **mildeste Mittel** angewandt werden.

Es gab kein milderes anwendbares Mittel. Wir haben bereits versucht, Frank S. verbal dazu zu bringen, das Butterflymesser wegzulegen, jedoch ohne Erfolg, so dass das Pfefferspray eingesetzt werden musste.

VHM im engeren Sinn
Hier sind die zu schützenden Rechtsgüter mit den durch die Polizei begangenen Grundrechtseingriffen abzuwägen.

Die von Frank S. zu duldenden Maßnahmen stehen nach § 5 Abs. 2 PolG nicht außer Verhältnis, da sie für ihn keine nennenswerten Nachteile her-

beiführen. Weiterhin ist die Mittel-Zweck-Relation gegeben, da die zu duldende Maßnahme im Verhältnis zu dem zu schützenden Rechtsgut als milde anzusehen ist und somit die Maßnahme nicht außer Verhältnis steht.

Ergebnis:

Die getroffenen Maßnahmen waren rechtmäßig.

4. Vollstreckung der Maßnahme

4.1 Liegt ein Verwaltungsakt vor?

▶ **Hoheitliche Maßnahme**
Darunter versteht man die einseitig öffentlich-rechtliche Anordnung der Behörde. Entscheidend ist hier der Regelungsinhalt.

Die hoheitliche Maßnahme ergibt sich aus der Generalermächtigung gemäß § 1 Abs. 1 Satz 1 i. V. m. § 3 PolG. Das PolG ermächtigt ausschließlich Träger hoheitlicher Gewalt zum Handeln. Somit stellt die Aufforderung eine hoheitliche Maßnahme dar. Es herrscht das Prinzip der Subordination, d.h., die Beamten ordnen an und Frank S. muss sich unterordnen, also der Aufforderung Folge leisten.

▶ **Behörde**
Darunter versteht man jede Stelle, die öffentliche Verwaltungstätigkeit wahrnimmt (§ 1 Abs. 2 LVwVfG). Die Polizeibehörde nimmt öffentliche Verwaltungstätigkeiten wahr.

Somit ist auch der Polizeivollzugsdienst, hier vertreten durch meinen Streifenpartner und mich, eine Behörde, auch wenn die Polizei in § 59 PolG in PB und PVD getrennt wird.

▶ **Gebiet des öffentlichen Rechts**
Unter dem Begriff des Gebiets des öffentlichen Rechts versteht man die Abgrenzung zum Privatrecht.

Die Beamten schreiten nach dem Polizeirecht ein, das als Gefahrenabwehrrecht nur von der Polizei angewandt wird. Sie sind somit Träger hoheitlicher Gewalt, die es nur im öffentlichen Recht gibt. Das Polizeirecht ist Teil des öffentlichen Rechts.

▶ **Einzelfallregelung**
Unter Regelung des Einzelfalls versteht man *in diesem Sachverhalt die Anordnung und Verpflichtung gegenüber Frank S., das Messer wegzulegen. Es*

wird also ein konkreter Lebenssachverhalt geregelt, indem wir eine verbindliche Aufforderung aussprechen.

▶ **Außenwirkung**
Eine Außenwirkung liegt vor, wenn die Person, die die Anordnung betrifft, nicht einer Verwaltung angehört und es sich um eine natürliche Person handelt.

Frank S. steht außerhalb der Verwaltungsbehörde, da er nicht der Polizei angehört. Durch unsere Aufforderung ändert sich seine Rechtsposition und er hat das Messer wegzulegen.

Ergebnis:

Es liegt ein Verwaltungsakt gemäß § 35 LVwVfG vor.

4.2 Ist der Verwaltungsakt wirksam?

▶ **Formfreiheit**
Gemäß § 37 Abs. 2 LVwVfG ist der Verwaltungsakt an keine Form (mündlich, schriftlich, konkludent oder in anderer Weise) gebunden.

Im vorliegenden Sachverhalt wurde er durch die Aufforderung mündlich erlassen.

▶ **Wirksamkeit**
Der VA ist ab dem Zeitpunkt wirksam, in dem er bekannt gegeben wurde (§ 43 Abs. 1 LVwVfG).

Mit dem Zeitpunkt der Aufforderung, das Messer langsam abzulegen, wurde der VA für den Frank S. wirksam.

▶ **Bestimmtheitsgrundsatz**
Der VA muss gemäß § 37 Abs. 1 LVwVfG inhaltlich hinreichend bestimmt sein, d.h. der Betroffene muss erkennen, WER, WAS von WEM will.

Im SV ist dies der Fall, da Frank S. genau wusste, wer (wir als Polizei), was (das Messer unverzüglich wegzulegen), wann (jetzt sofort), auf welche Weise (vorsichtig und langsam auf den Boden legen) von wem (von ihm) wollte. Er wurde von uns aufgefordert, das Messer sofort wegzulegen.

Somit ist der Bestimmtheitsgrundsatz erfüllt.

▶ **Bekanntgabe**
§ 41 Abs. 1 LVwVfG schreibt vor, dass der VA derjenigen Person bekannt zu geben ist, für die er bestimmt ist.

Die Bekanntgabe des Verwaltungsaktes an Frank S. erfolgte im Sachverhalt durch die mündliche Aufforderung, weshalb die Rechtswirkung sofort eintrat.

Ergebnis:

Somit liegt ein wirksamer Verwaltungsakt vor.

Da die Aufforderung des PVD durch Frank S. nicht befolgt wird, ist zu prüfen, ob der VA zwangsweise durchgesetzt (vollstreckt) werden kann.

4.3 Liegt ein vollstreckbarer Verwaltungsakt vor?

Die Vollstreckung eines VA richtet sich nach dem LVwVG.

▶ **Art und Weise der Vollstreckung**
Gemäß § 18 LVwVG können Verwaltungsakte, die zu einer Handlung, Duldung oder Unterlassung verpflichten, mit Zwangsmittel vollstreckt werden

Die Aufforderung an Frank S., das Messer wegzulegen, stellt eine klare Verpflichtung zu einer Handlung dar.

▶ **Vollstreckbarkeit**
Ein VA kann dann vollstreckt werden, wenn dieser gemäß § 2 LVwVG unanfechtbar geworden ist oder die aufschiebende Wirkung eines Rechtsbehelfs entfällt. Ein VA ist unanfechtbar, wenn die Widerspruchsfrist gemäß § 70 VwGO verstrichen ist.

Im vorliegenden Fall ist die Widerspruchsfrist noch nicht abgelaufen, weshalb der VA noch nicht unanfechtbar ist.

▶ **Widerspruch**
Gegen einen VA kann innerhalb eines Monats Widerspruch erhoben werden.

Da Frank S. im Sachverhalt das Messer trotz mehrfacher Aufforderung nicht weglegt, ist dies im Sinne des konkludenten Handelns klar als Widerspruch gemäß § 70 VwGO zu werten.

Merke:
Nach § 2 LVwVG kann ein VA vollstreckt werden, wenn er
1. unanfechtbar geworden ist oder
2. die aufschiebende Wirkung entfällt.

Aufschiebende Wirkung
Der Widerspruch hat grundsätzlich gemäß § 80 Abs. 1 VwGO aufschiebende Wirkung und der VA wäre somit nicht sofort vollstreckbar. Die aufschiebende Wirkung entfällt jedoch nach § 80 Abs. 2 Nr. 2 VwGO bei unaufschiebbaren Maßnahmen des PVD.

Dies liegt vor, wenn ohne Vornahme der Maßnahme die polizeiliche Aufgabe vereitelt oder gefährdet wäre. Bei dem VA im Sachverhalt entfällt die aufschiebende Wirkung, da ein Abwarten nicht möglich ist. Frank S. könnte ansonsten den Passanten schwere Verletzungen durch einen Angriff zufügen. Ohne diese Maßnahme wäre die polizeiliche Aufgabe gefährdet, womit die Voraussetzungen des § 80 Abs. 2 Nr. 2 VwGO vorliegen.

Zuständige Vollstreckungsbehörde
Gemäß § 4 LVwVG ist für die Vollstreckung die Behörde zuständig, die den VA erlassen hat.

Damit sind im vorliegenden Sachverhalt wir vor Ort auch für die Vollstreckung zuständig.

Zwischenergebnis:

Es liegt ein vollstreckbarer Verwaltungsakt vor.

Ergebnis:

Bei der Aufforderung an Frank S., er solle das Butterflymesser langsam weglegen, handelt es sich um einen vollstreckbaren Verwaltungsakt.

5. Auswahl des richtigen Zwangsmittels und dessen Rechtmäßigkeit

Um das richtige Zwangsmittel zu wählen, muss zunächst geprüft werden, ob die angedrohte Maßnahme eine vertretbare oder eine unvertretbare Handlung darstellt.

Vertretbare Handlungen sind Handlungen, die nicht nur durch den Betroffenen, sondern auch durch andere Personen durchgeführt werden. Als Zwangsmittel kommen hier Zwangsgeld, Zwangshaft und Ersatzvornahme in Betracht.

Unvertretbare Handlungen können nur durch die betroffene Person selbst oder an der betroffenen Person selbst durchgeführt werden. Hier kommt als Zwangsmittel lediglich unmittelbarer Zwang in Betracht.

Hier im Sachverhalt kann die Handlung, das Butterflymessser wegzulegen, nur durch Frank S. ausgeführt werden. Somit handelt es sich um eine unvertretbare Handlung. Deswegen kommt im Weigerungsfall lediglich unmittelbarer Zwang in Betracht.

5.1.1 Ersatzvornahme

▶ Ersatzvornahme – § 25 LVwVG

Die Ersatzvornahme kann nur bei vertretbaren Handlungen durch Selbstvornahme (PVD) oder Fremdvornahme (Stadt Herrenberg) angewendet werden.

Im vorliegenden Fall scheidet die Ersatzvornahme aus, da der polizeiwidrige Zustand ausschließlich von Frank S. und sonst niemand anderem beseitigt werden kann.

▶ Zwangsmittel – § 19 Abs. 1 LVwVG

In dieser Vorschrift sind die der Behörde zur Verfügung stehenden Zwangsmittel, nämlich Zwangsgeld, Zwangshaft, Unmittelbarer Zwang und Ersatzvornahme genannt.

Ersatzvornahme scheidet aus, da niemand anders als Frank S. selbst das Messer weglegen kann und somit keine vertretbare Handlung vorliegt, sondern eine Handlung, die nur er selbst (und kein anderer) bewerkstelligen kann.

▶ Mildestes Mittel – § 19 Abs. 2 LVwVG

Das angewandte Mittel muss das mildeste sein.

Frank S. aufzufordern, dass er das Messer weglegt, ist das mildeste geeignete Mittel, da nur er selbst handeln kann.

▶ § 19 Abs. 3 LVwVG

Das angewandte Mittel darf nicht außer Verhältnis zum Zweck der Vollstreckung stehen.

Die Aufforderung, dass Frank S. das Messer weglegt, steht nicht außer Verhältnis zu der Gefahr, die er für die umstehenden Passanten darstellt.

Androhung – § 20 LVwVG

Die Ersatzvornahme sollte vor ihrer Anwendung nach § 20 Abs. 1 LVwVG schriftlich angedroht werden.

Ich müsste die Ersatzvornahme schriftlich androhen, wenn ich sie anwenden könnte. Hier kommt dieses Zwangsmittel aber nicht in Betracht.

Vollstreckung bei Gefahr im Verzug – § 21 LVwVG

Von der schriftlichen Androhung kann gemäß § 21 LVwVG abgewichen werden, wenn bereits die öffentliche Sicherheit oder Ordnung gestört ist.

Da keine Ersatzvornahme angewendet wurde, ist dieser Punkt nicht relevant.

Als einziges Mittel, das das polizeiliche Ziel erreichen lässt, bleibt also der unmittelbare Zwang. Der PVD wendet diesen nach den speziellen Vorschriften des PolG (§§ 49 ff. PolG) an (lex specialis zu § 26 LVwVG).

5.1.2 Unmittelbarer Zwang

Anwendung – § 49 Abs. 2 PolG

Die Polizei wendet das Zwangsmittel des unmittelbaren Zwangs (UZW) nach den Vorschriften des PolG an.

Mein Praxisausbilder und ich sind Angehörige des PVD und somit Teil der Polizei.

Begriff und Mittel – § 50 PolG/VwV zu § 50 PolG

UZW ist jede Einwirkung auf Personen oder Sachen durch einfache körperliche Gewalt, Hilfsmittel der körperlichen Gewalt oder Waffengebrauch, die gemäß § 50 Abs. 2 PolG ausschließlich vom IM bestimmt werden.

Wir verwenden das Pfefferspray, das im technischen Sinne eine Waffe darstellt (§ 50 Abs. 2 i. V. m. VwV zu § 50 Abs. 2 PolG), allerdings aufgrund seiner relativ milden Wirkung im Gegensatz zur Schusswaffe nach den Bestimmungen der Hilfsmittel der körperlichen Gewalt angewendet wird. Des Weiteren ist diese Waffe dienstlich geliefert und darf somit von den Beamten verwendet werden.

Zuständigkeit – § 51 PolG

Die Anwendung von UZW obliegt ausschließlich den Beamten des PVD.

Mein Kollege und ich sind somit für die Anwendung des Pfeffersprays zuständig.

VwV zu § 51 PolG
Der Beamte, der UZW anwendet, ist auch für diesen eigenverantwortlich.

Hier sind mein Kollege und ich für die Rechtmäßigkeit und die Anwendung des UZW in Form von Pfefferspray verantwortlich.

▶ Polizeilicher Zweck nicht erreichbar – § 52 Abs. 1 PolG
UZW darf nur angewandt werden, wenn der polizeiliche Zweck auf andere Weise nicht erreichbar erscheint. „Andere Weise" meint jedes für den Betroffenen weniger einschneidende Mittel. Dies ist ein Hinweis, die Verhältnismäßigkeit (VHM) nochmals zu beachten.

Wir benutzten als mildestes Mittel zunächst die Aufforderung, das Messer wegzulegen, der Frank S. selbst nach mehrfacher Wiederholung nicht nachkommt. Einfache körperliche Gewalt gegen Frank S. wäre kein taugliches Mittel gewesen, da Frank S. ein Messer in der Hand hatte und somit eine angreifende Person ohne Probleme außer Gefecht hätte setzen können. Wir hätten uns somit selbst in hohem Maße gefährden müssen, was nicht erwartet werden kann. Es musste somit zu härteren Mitteln gegriffen werden.

▶ Sachvorrang – § 52 Abs. 1 Satz 2 PolG
Der UZW soll, wenn möglich, zunächst gegen Sachen angewendet werden.

UZW gegen Sachen (das Messer) scheidet aus, da eine unmittelbare Einwirkung auf das Messer (z.B. mit der Hiebwaffe) untauglich und mit ungewissem Ausgang gewesen wäre.

▶ Fesselung – VwV zu § 52 PolG
Eine Person kann dann gefesselt werden, wenn
(a) die Person Widerstand leistet,
(b) mit Widerstand der Person zu rechnen ist,
(c) eine Selbst- oder Fremdgefährdung vorliegt,
(d) Fluchtverdacht besteht oder
(e) besondere Transportumstände vorliegen.

Im SV leistete Frank S. Widerstand, da er sich auch noch auf dem Boden liegend wehrte. (a)

Außerdem musste aufgrund seines Verhaltens mit weiteren Widerstandshandlungen gerechnet werden, weil er sich auch weiterhin aggressiv verhält. (b)

Eine Selbst-/Fremdgefährdung war ebenfalls möglich, da Frank S. mit dem Messer schon mehrfach um sich gestochen hat und es nur vom Zufall abhängt, bis er einen Passanten, uns oder sich selbst gefährdet. (c)

Aufgrund seines alkoholisierten und verwirrten Zustandes muss weiterhin mit Stimmungsschwankungen gerechnet werden, so dass ebenfalls die besonderen Transportumstände in Betracht kommen. (e)

▶ Besondere VHM – § 52 Abs. 1 Satz 3 PolG

Ferner muss das angewandte Mittel nach Art *(= Einsatz von Pfefferspray und Handfesseln)* und Maß *(Pfefferspray bis zur Überwältigung und Handfesseln bis zur Ankunft in der Psychiatrie, kein Übermaß erkennbar)* dem Verhalten, Alter und Zustand des Betroffenen angemessen sein.

Frank S. ist ein 40 Jahre alter Mann, der einen körperlich gesunden Eindruck macht. Er ist laut SV sehr verwirrt, stark alkoholisiert und aggressiv, weshalb der Einsatz des Pfeffersprays als angemessen angesehen werden kann. Die Benutzung des Pfeffersprays stellt für ihn keine erkennbare Belastung dar. Es war somit ein angemessenes Mittel, das von Frank S. zu ertragen war. Weiterhin konnte durch die Anwendung des Pfeffersprays keine Gefahr für die umstehenden Personen entstehen.

Es ist davon auszugehen, dass Frank S., nachdem er gefesselt und in die Klinik gebracht worden war, geholfen wurde (Augen ausspülen). Wie oben schon erläutert, war kein anderes Mittel erfolgversprechend. Die Streifenbesatzung drohte im selben Satz, in dem die Aufforderung, das Messer wegzulegen, ausgesprochen wurde, den Einsatz des Pfeffersprays an. Aus dem SV geht hervor, dass nur die Dosis an Pfefferspray dem Frank S. in die Augen gespritzt wurde, die unbedingt nötig war, um ihn außer Gefecht zu setzen.

Zwischenergebnis:

Das Anwenden des Pfeffersprays und der Fesseln war demnach verhältnismäßig. Die besondere VHM wurde ausreichend beachtet.

▶ Androhung – § 52 Abs. 2 PolG

UZW ist, soweit es die Umstände zulassen, vor seiner Anwendung anzudrohen.

Frank S. wurde der UZW in Form von Pfefferspray angedroht. Eine Androhung der Handfesseln war zeitlich nicht mehr möglich. Somit haben es die Umstände nicht zugelassen, diese Maßnahme anzudrohen.

Nach VwV zu § 52 Abs. 2 PolG darf UZW nur angedroht werden, wenn seine Anwendung auch zulässig ist.

Da der UZW hier zulässig war – die Maßnahme konnte auf andere Weise nicht durchgeführt werden –, durfte er auch angedroht werden.

▶ **Übermaßverbot – § 52 Abs. 3 PolG**
Das Übermaßverbot besagt, dass die Anwendung von UZW zu beenden ist, wenn der polizeiliche Zweck erreicht ist oder durch UZW nicht erreichbar erscheint.

Im SV wurde mit dem Pfefferspray nur so lange gesprüht, bis Frank S. überwältigt werden konnte, und es kam zu keinem weiteren Einsatz des Pfeffersprays mehr. Die Handfesseln blieben nur angelegt, bis wir ihn in der Psychiatrie übergeben haben. Somit wurde das Übermaßverbot beachtet.

▶ **Gefährdung Unbeteiligter – VwV zu § 52 Abs. 1 PolG**
Eine Gefährdung Unbeteiligter ist nach Möglichkeit zu vermeiden.

Es gab laut Sachverhalt zahlreiche Passanten. Diese wurden aber durch den gezielten Einsatz des Pfeffersprays und der Handfesseln nicht gefährdet.

Ergebnis:

Die Anwendung des Pfeffersprays und der Handfesseln war rechtmäßig.

Fall 38
Gewahrsam, Betreten von Wohnungen zur Nachtzeit – §§ 28, 31 PolG

Sachverhalt:

Am 27.11.2018, gegen 23.00 Uhr, teilt Frau L. dem Polizeirevier Ludwigsburg mit, dass in der Hohenrainstr. in Ludwigsburg bei Familie Schraap unhaltbare Zustände herrschen würden. Auf Nachfrage berichtet die Nachbarin Frau L. Folgendes:

„Familie Schraap ist erst seit 2 Jahren unser Nachbar. Sie bewohnt eine 5-Zimmer-Wohnung zur Miete im Erdgeschoss eines Dreifamilienhauses. In der Familie sind drei Kinder im Alter von 4, 6 und 9 Jahren.

Kurz nach dem Einzug musste der Mann wegen verschiedener Einbrüche ins Gefängnis. Von da an ging es noch steiler bergab.

Die knapp 30-jährige Mutter, Elke Schraap, schrie nur noch mit ihren Kindern herum und hat diesen unzumutbare Aufträge erteilt. So gingen die damals 2- und 4-jährigen Töchter alleine und bei Dunkelheit mit dem Hund der Familie „Gassi" und hatten Probleme, sicher die Hauptstraße zu überqueren. Der 9-jährige Junge Daniel wird von der Mutter geschlagen und beleidigt, weil er bei den Hausaufgaben Schwierigkeiten hat.

Die Mutter war auch schon die ganze Nacht weg und an ihrer Stelle war ihr etwa 20-jähriger Bruder bei den Kindern, der dann überwiegend auf dem Balkon stand, mit dem Bier in der Hand. Frau Schraap trinkt immer öfter Alkohol. Dann schreit sie noch lauter herum, oft auch in obszöner Weise.

Heute abend war sie bereits gegen 18 Uhr „gut gesattelt". Seitdem hörte ich sie herumschreien, die Musik laut und der Gipfel war, dass sie kurz vor 22 Uhr aus dem geöffneten Fenster gekotzt hat.

Irgendeine Flasche ist aus dem Fenster gefallen, denn durch das Klirren bin ich eigentlich erst aufmerksam geworden. Ich dachte zuerst an Einbrecher.

Ich glaube, Frau Schraap liegt total betrunken in der Wohnung. Das jüngste Kind weint seit einer Stunde und lief gegen 21 Uhr bei dieser Kälte barfuß und nur mit einem Shirt bekleidet auf der Straße herum. Der Bruder des Mädchens hat es dann zurück ins Haus geholt.

Ich habe Angst, dass den Kindern etwas passiert, denn mir ist aufgefallen, dass Frau Schraap zwei Kerzen eines Adventsgestecks brennen hat. So wie ich es sehen kann, brennen diese immer noch. Diese Frau ist mit allem überfordert. Aber so schlimm wie heute war es schon lange nicht mehr. Evtl. hat sie sich besoffen, weil öfters der Gerichtsvollzieher gekommen ist.

Bitte kommen Sie schnell, bevor Schlimmeres passiert!"

Auf Klingeln an der Wohnadresse öffnet ein kleines Mädchen der Streife PMin Mayer und POK Burkhardt die Wohnungstüre.

Als das Mädchen die Polizisten als solche erkennt, rennt es sofort in die Wohnung zurück. Da auf Rufen niemand erscheint, betritt die Streife die Wohnung, um nach der darin vermuteten betrunkenen Mutter und den evtl. hilflosen Kindern zu suchen. Im Kinderzimmer schlafen auf dem Boden ein Junge und ein Mädchen. Beide scheinen übermüdet auf dem Boden vor dem Fernseher eingeschlafen zu sein. Im Wohnzimmer sind keine Personen. PMin Mayer löscht die noch brennenden Kerzen auf dem Adventsgesteck. Im Schlafzimmer sitzt das jüngste Mädchen neben seiner Mutter auf dem Bett. Diese schläft ebenfalls und ist kaum wachzukriegen. Sie riecht nach Alkohol und ist nicht einmal verwundert, wie die Polizei in ihre Wohnung kam. Auf Frage bestätigt sie, Elke Schraap zu sein. Als sie aufzustehen versucht, fällt sie sofort wieder zurück auf das Bett. Es fällt ihr schwer, klare Gedanken zu fassen.

Nachdem POK Burkhardt sie mehrfach gefragt hat, ob ihre Eltern zu ihr kommen könnten, äußert sich Frau Schraap undeutlich und unwirsch mit den Worten: *„Diese Ärsche wohnen in Köln und ich bin der Assi in ihren Augen, bei euch Scheißbullen ja auch, ihr stresst hier ja auch nur rum, lasst mich doch einfach in Ruhe!"*

Als ihr 9-jähriger Sohn – durch die lauter gewordene Unterhaltung aufgewacht – zu seiner Mutter kommt, schreit sie diesen an, ob er denn zu blöd sei, auf seine Geschwister aufzupassen. Ferner droht sie, dass er nachher mit ein paar Kopfnüssen rechnen muss. PMin Mayer macht Frau Schraap klar, dass Züchtigung keine Lösung darstellt. Frau Schraap entgegnet ihr daraufhin, dass *„die Kinder von ihr eins abkriegen, wenn sie immer nur herumnerven!"*

POK Burkhardt sieht keine andere Möglichkeit, als der sehr stark betrunkenen Frau klarzumachen, dass sie u. a. zur Ausnüchterung mitkommen muss, weil sie in diesem Zustand nicht in der Wohnung bleiben kann.

Nachdem PMin Mayer die Frau durchsucht hat, wird sie von der herbeigerufenen zweiten Streife in Gewahrsam genommen. POK Burkhardt und seine Kollegin warten in der Wohnung, bis ein Verwandter von Frau Schraap die vorläufige Aufsicht über die Kinder übernimmt.

Auf Anregung des Jugendamts bzw. Familiengerichts unterzieht sich Frau Schraap unmittelbar an die Ausnüchterung einer freiwilligen Therapie im ZfP in Weinsberg.

Aufgabe 1:
Erläutern und begründen Sie sachverhaltsbezogen die **formelle Rechtmäßigkeit** der Mitnahme von Frau Schraap zum Polizeirevier Ludwigsburg.

Aufgabe 2:
Erläutern und begründen Sie sachverhaltsbezogen die **materielle Rechtmäßigkeit** der Mitnahme von Frau Schraap zur Dienststelle nach dem PolG.

Hinweis:
Auf die Ermessensausübung sowie Fristen und sonstige Bestimmungen ist nicht einzugehen.

Aufgabe 3:
Erläutern und begründen Sie sachverhaltsbezogen die **formelle Rechtmäßigkeit** für das Hineingehen in die Wohnung der Elke Schraap nach dem PolG.

Hinweis:
Gehen Sie nur auf die Zuständigkeitsabgrenzung ein.

Aufgabe 4:
Erläutern und begründen Sie sachverhaltsbezogen die **materielle Rechtmäßigkeit** für das Hineingehen in die Wohnung der Elke Schraap nach dem PolG.

Hinweis:
Gehen Sie nur auf die Tatbestandsvoraussetzungen, Rechtsfolge und Adressat ein.

Lösungsvorschlag Aufgabe 1:

2. Formelle Rechtmäßigkeit

2.1 Zuständigkeitsabgrenzung

Vorbeugegewahrsam – § 28 Abs. 1 Nr. 1 PolG

Gemäß § 59 PolG gliedert sich die Polizei in die Polizeibehörden und den Polizeivollzugsdienst (PVD).

Im Sachverhalt sind PMin Mayer und POK Burkhardt Angehörige des Polizeireviers Ludwigsburg und gehören somit zum PVD.

Gemäß § 60 Abs. 1 PolG sind für die Wahrnehmung der polizeilichen Aufgaben grundsätzlich die Polizeibehörden zuständig.

Da der Gewahrsam nach § 28 PolG in der Parallelzuständigkeit gemäß § 60 Abs. 3 PolG liegt, sind PMin Mayer und POK Burkhardt für diese Maßnahme gleichrangig neben der PB zuständig.

Nach Art. 104 Abs. 2 GG darf eine Freiheitsentziehung nur aufgrund eines förmlichen Gesetzes und unter Beachtung der darin vorgeschriebenen Formen durchgeführt werden. Grundsätzlich obliegt die Anordnung einer Freiheitsentziehung dem Richter (Richtervorbehalt).

Gemäß § 28 Abs. 3 Satz 3 PolG ist unverzüglich eine richterliche Entscheidung über den Gewahrsam herbeizuführen.

Da der SV diesbezüglich keine Informationen enthält, wird davon ausgegangen, dass diese Entscheidung von den Beamten auf der Dienststelle unverzüglich eingeholt wurde.

Gemäß der VwV zu § 28 (3 und 4) Ziffer 1 PolG kann der Gewahrsam, wenn dies erforderlich ist, zunächst ohne richterliche Entscheidung angeordnet werden; sie muss jedoch unverzüglich eingeholt werden.

Da der SV keine Informationen bezüglich einer richterlichen Entscheidung enthält, wird davon ausgegangen, dass es die zeitliche Dringlichkeit nicht zuließ, bis zum Erreichen einer richterlichen Entscheidung zu warten, da die Frau so stark alkoholisiert war, dass mit Stimmungsschwankungen gerechnet werden musste.

2.2. Örtliche Zuständigkeit

Gemäß § 75 PolG ist die Polizei im ganzen Land zuständig, soll aber vorrangig in ihrem Dienstbezirk tätig werden.

Da sich die Wohnung der Frau Schraap in einem Stadtteil von Ludwigsburg befindet, sind die Polizeibeamten des Polizeireviers Ludwigsburg örtlich zuständig.

2.3 Erkennbarkeit

Die Erkennbarkeit von PMin Mayer und POK Burkhardt ist durch deren vollständige Uniform gewährleistet und die Polizeieigenschaft kann ggf. durch das Vorzeigen des Dienstausweises zusätzlich legitimiert werden.

Ergebnis Aufgabe 1:

Die formelle Rechtmäßigkeit war gegeben,

Lösungsvorschlag Aufgabe 2:

3. Materielle Rechtmäßigkeit

3.1 Tatbestandsvoraussetzungen und Rechtsfolge

▶ Gewahrsam – § 28 Abs. 1 Nr. 1 PolG

Gewahrsam ist das nicht nur kurzfristige Festhalten einer Person durch die Polizei an einem bestimmten, eng umgrenzten Ort, wodurch die Person in ihrer persönlichen Bewegungsfreiheit eingeschränkt wird.

Frau Schraap wird von der zweiten Streife in Gewahrsam genommen und im Streifenwagen zur Dienststelle gebracht, wo sie vermutlich zur Ausnüchterung in eine Gewahrsamszelle gesperrt wird.

Gefahr ist die objektive, nicht entfernte Möglichkeit eines Schadenseintritts.

Eine unmittelbar bevorstehende Gefahr besteht, wenn der Eintritt eines Schadens nach objektiven Erfahrungssätzen sofort oder in allernächster Zeit zu erwarten ist, wenn die Polizei nicht einschreitet.

Da Frau Schraap unter erheblichem Alkoholeinfluss steht, nicht mehr richtig stehen kann, es ihr scheinbar schwerfällt, klare Gedanken zu fassen und sie ihrem Sohn zudem mit Kopfnüssen droht, wäre bald damit zu rechnen, dass sie die Kinder schlägt oder aufgrund ihres alkoholisierten Zustandes etwas anderes passiert, wenn die Streife nicht einschreitet (sie hatte ja bereits die Kerzen achtlos brennen lassen).

Eine Gefahr ist erheblich, wenn ein bedeutsames Rechtsgut bedroht wird.

Im SV wird die körperliche Unversehrtheit der drei Kinder zum einen durch ihre alkoholisierte und offensichtlich gewaltbereite Mutter und zum anderen dadurch, dass sie sich völlig selbst überlassen sind, jedoch noch nicht auf sich selbst aufpassen können, bedroht.

Auf andere Weise heißt, dass weniger einschneidende Mittel keinen Erfolg versprechen oder bereits erfolglos angewandt wurden.

POK Burkhardt hat versucht, die Eltern von Frau Schraap zu der Familie zu holen; diese waren jedoch zu weit weg. Auch mit PMin Mayers Hinweis, dass es keine Lösung darstelle, die Kinder zu schlagen, scheint Frau Schraap nicht einverstanden zu sein. Somit gab es keine andere Möglichkeit, die Kinder vor ihrer alkoholisierten Mutter zu schützen, als die Frau in Gewahrsam zu nehmen.

Die öffentliche Sicherheit umfasst die Gesamtheit aller geschriebenen Rechtsnormen und den Schutz der Individualrechtsgüter.

Die öffentliche Sicherheit ist im SV betroffen, da Frau Schraap mindestens eine Körperverletzung (ggf. eine Misshandlung Schutzbefohlener) im Sinne des StGB begehen würde, wenn sie die Drohungen, ihrem Sohn Kopfnüsse zu geben, wahr macht.

Außerdem ist die körperliche Unversehrtheit der Kinder ein Individualrechtsgut, das geschützt werden muss.

Rechtsfolge:

Frau Schraap muss den Vorbeugungsgewahrsam und somit die Mitnahme/das Verbringen in die Zelle dulden.

3.2 Adressat

Verhaltensstörer gemäß § 6 Abs. 1 PolG ist, wer bewusst oder unbewusst durch sein Verhalten die öffentliche Sicherheit oder Ordnung bedroht oder stört.

Im SV ist Frau Schraap Verhaltensstörerin, da sie so stark alkoholisiert ist, dass sie fahrlässig eine Brandgefahr herbeiführt und nicht mehr in der Lage ist, nach ihren Kindern zu sehen und sie zu beaufsichtigen. Darüber hinaus droht sie den Kindern Gewalt an.

3.3 Ermessensausübung

(Durch die Fragestellung von der Bearbeitung ausgenommen)

3.4 Grundsatz der Verhältnismäßigkeit

▶ **Geeignet**

Geeignet nach § 5 Abs. 1 PolG ist jede Maßnahme, die objektiv tauglich ist, also das polizeiliche Ziel erreichen kann.

Die Ingewahrsamnahme der völlig alkoholisierten Frau war geeignet, das polizeiliche Ziel zu erreichen, nämlich die Kinder zu schützen.

Weiterhin muss nach § 5 Abs. 1 PolG das mildeste Mittel angewandt werden.

Der Gewahrsam war das mildeste Mittel, das auch geeignet war (siehe oben).

Bei der VHM im engeren Sinne gemäß § 5 Abs. 2 PolG gilt es, die zu schützenden Rechtsgüter mit den durch die Polizei begangenen Grundrechtseingriffen abzuwägen.

Die Gewahrsamnahme von Frau Schraap war auch im engeren Sinne verhältnismäßig, da der Schutz des Rechtsgutes der körperlichen Unversehrtheit der Kinder nicht außer Verhältnis zum Eingriff in das Grundrecht auf körperliche Bewegungsfreiheit der Frau steht.

Ergebnis Aufgabe 2:

Die Gewahrsamnahme von Frau Schraap war rechtmäßig.

Lösungsvorschlag Aufgabe 3:

2. Formelle Rechtmäßigkeit

2.1 Zuständigkeitsabgrenzung

▶ Betreten der Wohnung – §§ 59, 60 PolG
Polizei im Sinne des § 59 PolG, siehe oben.

Nach § 60 Abs. 1 Satz 1 PolG ist für die Wahrnehmung der polizeilichen Aufgaben grundsätzlich die Polizeibehörde zuständig.

Hier sind die Beamten aber im Rahmen der Parallelzuständigkeit gemäß § 60 Abs. 3 PolG gleichrangig zuständig, da das Betreten von Wohnungen den in § 60 Abs. 3 PolG aufgelisteten (Einzel)Maßnahmen der Parallelzuständigkeit unterfällt.

Ergebnis Aufgabe 3:

Die formelle Rechtmäßigkeit war gegeben.

Lösungsvorschlag Aufgabe 4:

3. Materielle Rechtmäßigkeit

3.1 Tatbestandsvoraussetzungen und Rechtsfolge

▶ Betreten der Wohnung – § 31 Abs. 1 PolG
Wohnung ist jeder nicht allgemein zugängliche Raum, der zur Stätte des Wirkens oder Aufenthalts von Menschen gemacht wird.

Im SV geht es um die 5-Zimmer-Wohnung der Fam. Schraap im EG des Mehrfamilienhauses. Sie fällt unter den Wohnungsbegriff.

Gegen den Willen des Inhabers heißt, ohne sein Einverständnis oder mutmaßlich ohne Vorliegen des Einverständnisses (= mutmaßlich entgegenstehender Wille).

Im SV öffnet die kleine Tochter den Beamten die Wohnungstür und rennt dann weg. Da auf Rufen niemand erscheint, betritt die Streife die Wohnung ohne Einverständnis der Inhaberin Frau Schraap. Es wird davon ausgegangen, dass sie mit dem Betreten nicht einverstanden gewesen wäre.

Betreten umfasst das Eintreten, notfalls das gewaltsame Eindringen, das Verweilen und das Treffen einfacher Feststellungen in Wohnungen.

Im vorliegenden Fall betreten PMin Mayer und POK Burkhardt die Wohnung, die die Tochter geöffnet hat. Sie schauen in der Wohnung nach den Kindern, die sie schlafend finden, und nach der völlig alkoholisierten Frau, die sie ebenfalls schlafend antreffen.

Gemäß § 31 Abs. 4 PolG umfasst die Nachtzeit im Zeitraum von 1. Oktober bis 31. März die Zeit von 21 Uhr bis 6 Uhr.

Da das Betreten im SV am 27.11. um ca. 23 Uhr erfolgt, betreten die Beamten die Wohnung zur Nachtzeit. Deshalb muss die Abwehr einer mindestens schweren Gesundheitsgefahr/Lebensgefahr nach § 31 Abs. 1 Satz 2 PolG begründet werden können. Die Streife betritt die Wohnung zum Schutz eines Einzelnen vor schwerer Gesundheitsgefahr.

Schwere Gesundheitsgefahr ist gegeben, wenn die Beschädigung oder der Verlust wichtiger Organe oder Gliedmaßen dauernde Entstellung oder Beeinträchtigung der Gesundheit durch eine ernsthafte langwierige Krankheit drohen.

Im SV ist die Gesundheit der Kinder und auch die der Frau Schraap, also mehrerer Einzelner bedroht. Da Frau Schraap nicht mehr in der Lage ist, auf ihre Kinder aufzupassen, sind diese sich selbst überlassen. Das jüngste Kind ist bereits, trotz niedriger Temperaturen, barfuß und nur mit einem Hemdchen bekleidet, auf die Straße gelaufen. Dies kann z.B. eine Lungenentzündung nach sich ziehen.

Hinzu kommt, dass zwei Kerzen eines Adventsgestecks brennen. Wenn diese herunterbrennen und das Gesteck Feuer fängt, besteht sogar Lebensgefahr für die Frau und die Kinder.

Lebensgefahr heißt, dass Menschenleben durch Vernichtung oder schwere Gesundheitsschädigung bedroht werden.

Dies wäre im Falle eines Wohnungsbrandes mindestens für Familie Schraap zu bejahen. Es könnten sogar die anderen Bewohner des Mehrfamilienhauses gefährdet werden, wenn das Feuer sich ausweitet.

Deshalb betritt die Streife die Wohnung zum Schutz der Schraaps und der anderen Hausbewohner.

Die öffentliche Sicherheit umfasst die Gesamtheit der geschriebenen Rechtsnormen und den Schutz der Individualrechtsgüter.

Die öffentliche Sicherheit ist im Ausgangsfall betroffen, da Frau Schraap ihre Erziehungs- und Fürsorgepflichten als Mutter gröblich verletzt und u. U. gegen geschriebene Rechtsnormen (§ 171 StGB) verstößt.

Zudem ist die körperliche Unversehrtheit/das Leben der Kinder und auch aller anderen Hausbewohner ein Individualrechtsgut, das es zu schützen gilt, ebenso das infolge des offenen Feuers bedrohte Eigentum des Hauseigentümers und anderer Personen.

Erforderlich heißt, dass das polizeiliche Ziel auf andere Weise nicht zu erreichen ist.

Das polizeiliche Ziel besteht im Schutz der Kinder der Frau Schraap und aller anderen Hausbewohner.

Da auf das Rufen der Beamten niemand an der Tür erschien, mussten die Beamten die Wohnung betreten, um nach den Kindern und der Frau zu sehen sowie um die brennenden Kerzen löschen zu können. Die Gefahr, die von den Kerzen ausging, war auf andere Weise nicht abzuwehren.

Rechtsfolge:

Die Wohnung wird gegen den Willen der Frau Schraap betreten.

3.2 Adressat

Verhaltensstörer gemäß § 6 Abs. 1 PolG ist, wer durch sein Verhalten bewusst oder unbewusst die Bedrohung oder Störung der öffentlichen Sicherheit oder Ordnung herbeigeführt hat.

Da Frau Schraap so stark alkoholisiert ist, dass sie sich offensichtlich nicht mehr um ihre Kinder kümmern kann und auch die noch brennenden Kerzen nicht mehr unter Kontrolle zu haben scheint, ist sie Verhaltensstörerin (brennende Kerzen begründen auch § 7 PolG).

§ 31 Abs. 1 PolG enthält zudem eine spezielle Adressatenregelung, wonach der Wohnungsinhaber Adressat der Maßnahme ist.

Als Mieterin ist Frau Schraap Inhaberin der tatsächlichen Gewalt über die Wohnung und somit Adressat des Betretens.

Es sind keine Fehler hinsichtlich des Adressaten erkennbar.

Ergebnis Aufgabe 4:

Das Betreten der Wohnung war rechtmäßig.

> **Hinweis:**
> Ziffern 3.3, 3.4 sowie 3.5 des Lösungsschemas sind gemäß der Fragestellung *nicht* zu bearbeiten.

Fall 39
Gewahrsam, Androhung Schusswaffengebrauch gegen Person – §§ 28, 54 PolG

Sachverhalt:

Am 27.09.2018 befinden Sie sich mit Ihrem Praxisausbilder POM Holl während eines Nachtdienstes auf Streifenfahrt. Gegen 22.25 Uhr erhalten Sie über Funk folgenden Auftrag:

„Fahren Sie in die Schneeberger Straße 32. Von dort wurde soeben durch den Hausmeister des Mehrfamilienhauses, Herrn Christian Leicht, eine Streitigkeit gemeldet. Klären Sie den Sachverhalt und treffen Sie die erforderlichen Maßnahmen."

Bei Ihrem Eintreffen hören Sie aus dem Gebäude lautes Geschrei. Vor dem Haus treffen Sie den Hausmeister Christian Leicht, der Ihnen zuruft:
„So geht das schon seit Wochen, der Dietmar Stojeck aus dem zweiten Stock dreht noch vollends ab! Wir haben uns wieder heftig gestritten, da er nun zum x-ten Male den Sicherungshauptschalter abgekippt und den Strom ausgeschaltet hat. Im ganzen Haus ist jetzt der Strom ausgefallen. Da passiert noch etwas Schlimmeres, so wie der sich in der letzten Zeit verhalten hat."

Auf Nachfrage teilt Ihnen Christian Leicht mit, dass Dietmar Stojeck in letzter Zeit häufig so herumgetobt habe. Außerdem falle ihm auf, dass der Mann seit Wochen starken Gefühlsschwankungen unterliege und teilweise gefährlich aggressiv werde. Dietmar Stojeck habe ihn auch immer wieder wegen Lappalien angeschrien.

An der Wohnungstür öffnet Ihnen eine verängstigte Frau die Tür. Frau Kerstin Stojeck äußert, dass ihr 40-jähriger Ehemann heute Morgen ausgesprochen niedergeschlagen und sehr traurig gewesen sei. Gegen Abend wollte er unbedingt eine Hausparty mit Kerzenschein feiern. Nachdem aber „alle" dankend abgelehnt hatten, fing er vor ca. einer halben Stunde an, wieder „auszurasten". Er habe ihr gegenüber geäußert, dass sie keine Hilfe mehr für ihn sei und „weg gehöre". Außerdem sei es zum Streit mit dem Hausmeister Leicht gekommen, weil er sich durch den Elektrosmog bedroht und von elektromagnetischen Wellen verfolgt fühle.

Sie gehen in das Wohnzimmer und stellen fest, dass Dietmar Stojeck teilnahmslos auf der Couch sitzt. Zunächst verhält er sich Ihnen gegenüber sehr ruhig. Als Sie Dietmar Stojeck auf das Geschehene ansprechen, greift er hinter sich, zieht unter dem Kissen ein Samuraischwert hervor, nimmt eine drohende Körperhaltung ein und schreit:

„Verschwindet, raus aus meiner Wohnung, sonst stech' ich Euch ab wie die Schweine!"

Während POM Holl noch versucht, beruhigend auf ihn einzuwirken, kommt Dietmar Stojeck unvermittelt auf Sie zu. Daraufhin drohen Sie ihm den Schusswaffengebrauch an: *„Schwert weg oder ich schieße!"* Gleichzeitig nehmen Sie Ihre Dienstwaffe aus der entschlossenen Sicherungshaltung in die entschlossene Schießhaltung.

Dietmar Stojeck lässt sofort das Schwert fallen und kann überwältigt werden. Nach Durchführung aller erforderlichen Maßnahmen vor Ort verbringen Sie Dietmar Stojeck zur Dienststelle.

Hier bekommt Stojeck einen Schweißausbruch und ein hochrotes Gesicht, bevor er zu weinen anfängt und äußert, dass er bei nächster Gelegenheit Schluss mit seinem verkorksten Leben machen werde.

Nach Beurteilung der gesamten Situation und der Durchführung der notwendigen Maßnahmen wird Dietmar Stojeck in das regionale Zentrum für Psychiatrie verbracht.

Aufgabe 1:
Erläutern und begründen Sie sachverhaltsbezogen die formelle Rechtmäßigkeit des Verbringens von Dietmar Stojeck zum Zentrum für Psychiatrie (ZfP).

Hinweis:
Gehen Sie nicht auf örtliche Zuständigkeit und Erkennbarkeit ein!

Aufgabe 2:
Erläutern und begründen Sie sachverhaltsbezogen die materielle Rechtmäßigkeit der Mitnahme auf die Dienststelle bzw. das spätere Verbringen ins Zentrum für Psychiatrie (ZfP).

Hinweis:
Auf Fristen und sonstige Bestimmungen ist nicht einzugehen.

Aufgabe 3:
Erläutern und begründen Sie sachverhaltsbezogen die Androhung des Schusswaffengebrauchs gegen Dietmar Stojeck (ohne abschließende Prüfung der Verhältnismäßigkeit).

Lösungsvorschlag Aufgabe 1:

2. Formelle Rechtmäßigkeit der Verbringung zum ZfP

▶ **Richtervorbehalt – Art. 104 Abs. 2 GG**
Grundsätzlich obliegt die Anordnung einer Freiheitsentziehung dem Richter. Beim Gewahrsam handelt es sich um eine Freiheitsentziehung.

▶ Gemäß § 28 Abs. 3 Satz 3 PolG ist unverzüglich eine richterliche Entscheidung über die Zulässigkeit und die Dauer eines Gewahrsams herbeizuführen.

▶ Gemäß § 28 Abs. 3 Satz 4 PolG bedarf es einer Herbeiführung einer richterlichen Entscheidung nicht, wenn anzunehmen ist, dass die Entscheidung erst nach Wegfall des Grundes des Gewahrsams ergehen würde (siehe unten).

▶ Gemäß VwV PolG zu § 28 Abs. 3 und 4 Nr. 1 kann der Gewahrsam zunächst ohne richterliche Entscheidung angeordnet werden, eine richterliche Entscheidung ist jedoch unverzüglich, also ohne schuldhafte Verzögerung, einzuholen.

Hier ist ein solcher Fall gegeben, da nicht abgewartet werden kann, bis ein Richter eine Entscheidung getroffen hat, da die psychisch kranke Person so schnell wie möglich im Rahmen der fürsorglichen Aufnahme im ZfP untergebracht werden muss. Rein theoretisch kann auf der Fahrt eine solche Entscheidung herbeigeführt werden – es kommt auf die Dauer der Fahrt dorthin an.

Sollte jedoch das ZfP schneller erreicht werden, als die Herbeiführung einer richterlichen Entscheidung dauert, entfällt die richterliche Entscheidung.

Denn § 28 Abs. 3 Satz 4 PolG besagt: „Der Herbeiführung einer richterlichen Entscheidung bedarf es nicht, wenn anzunehmen ist, dass die Entscheidung erst nach Wegfall des Grundes des Gewahrsams ergehen würde".

▶ Gemäß § 59 PolG umfasst die Organisation der Polizei die Polizeibehörden und den PVD. Nach § 60 Abs. 1, 1. HS PolG sind für die Wahrnehmung der polizeilichen Aufgaben grundsätzlich die Polizeibehörden zuständig.

Hier wird der PVD aber gemäß § 60 Abs. 3 PolG im Rahmen der Parallelzuständigkeit selbst tätig, da es sich beim Gewahrsam um eine dort genannte Standardmaßnahme handelt.

Ergebnis Aufgabe 1:

Der formellen Rechtmäßigkeit der Verbringung zum ZfP wurde nachgekommen.

Beachte:

Dauert der Gewahrsam laut SV nur kurzfristig an (ca. 30 bis 45 Minuten), ist § 28 Abs. 3 Satz 4 PolG zutreffend und sollte erwähnt werden.

Lösungsvorschlag Aufgabe 2:

3. Materielle Rechtmäßigkeit der Mitnahme auf die Dienststelle und des Verbringens zum ZfP

3.1 Tatbestandsvoraussetzungen und Rechtsfolge

▶ **Vorbeugegewahrsam – § 28 Abs. 1 Nr. 1 PolG**
Die Polizei nimmt Dietmar Stojeck gemäß § 28 Abs. 1 Nr. 1 PolG in Vorbeugegewahrsam.

▶ **Gewahrsam**
ist das nicht nur kurzfristige Festhalten einer Person an einem bestimmten eng umgrenzten Ort durch die Polizei, wodurch diese am Gebrauch ihrer persönlichen Bewegungsfreiheit nach allen Richtungen gehindert wird (hier: Mitnahme auf das Revier).

▶ **Gefahr (Störung)**
ist die objektiv nicht entfernte Möglichkeit eines Schadenseintritts. Sie muss unmittelbar bevorstehend sein, d. h. der Eintritt eines Schadens tritt nach objektiver Erfahrung sofort oder in allernächster Zeit ein, wenn die Polizei nicht einschreitet.

Eine solche Gefahrenart liegt vor, da der Mann starken Gefühlschwankungen unterliegt und erkennbar aggressiv gegenüber den Mitbewohnern und der Polizei ist sowie die Ehefrau „weg haben" will. (Mit dem Samuraischwert wird die Polizei bedroht/er äußert gegenüber seiner Frau, sie „gehöre weg".)

Aufgrund dessen liegt es nahe, dass sich seine Aggressionen steigern könnten und Stojeck in der Folge anwesende Personen an Leib und Leben gefährden bzw. schädigen könnte. Ferner ist Leib und Leben bzw. die Gesundheit anderer (der Hausmitbewohner) bedroht, wenn die Polizei nicht einschreitet.

▶ **Erheblich**
ist die Gefahr, wenn bedeutende Rechtsgüter bedroht sind.

Das liegt vor, da Leib, Leben und die Gesundheit konkret in Gefahr geraten. Erheblichkeit liegt auch dann vor, wenn mit der Begehung von Straftaten gerechnet werden muss (hier: KV, möglicherweise Straftaten gegen das Leben, Widerstand gegen Vollstreckungsbeamte).

▶ **Öffentliche Sicherheit**
umfasst die Gesamtheit der niedergeschriebenen Rechtsnormen.

Öffentliche Sicherheit ist hier betroffen, da die Rechtsgüter Leib, Leben und Gesundheit durch die Begehung von Straftaten bedroht sind.

▶ **Auf andere Weise**
ist die Gefahr nicht zu beseitigen, da kommunikative Mittel und die Androhung von UZW als weniger einschneidende Mittel keinen Erfolg haben.
Ein Platzverweis nach § 27a PolG kommt hier als taugliches Mittel nicht in Frage, da er die Gefahr nicht wirksam beseitigt. Somit kann auf ihn als mildere Maßnahme nicht zurückgegriffen werden.
Bei einer Person mit derart erheblichen Stimmungsschwankungen (erst teilnahmslos und ruhig, dann plötzlich aggressiv) ist die Einsichts- und Steuerungsfähigkeit stark eingeschränkt, wenn nicht sogar nicht mehr vorhanden. Das weitere Verhalten von Stojeck ist unberechenbar.
Daher wird Stojeck in Vorbeugungsgewahrsam genommen, um eine unmittelbar bevorstehende erhebliche Gefahr präventiv zu verhindern.

Rechtsfolge:

Die Mitnahme zur Dienststelle muss von Dietmar Stojeck geduldet werden.

3.2 Adressat

Nach § 6 Abs. 1 PolG ist D. Stojeck Verhaltensstörer, da er durch sein Verhalten bewusst (oder unbewusst) eine Bedrohung oder Störung der öffentlichen Sicherheit oder Ordnung hervorgerufen hat.

Durch sein aggressives Verhalten gegenüber den Beamten und seiner Ehefrau bedroht (bzw. stört) er die öffentliche Sicherheit, deshalb ist er Adressat des Vorbeugungsgewahrsams.

3.3 Ermessensausübung

Da D. Stojeck starken Gefühlsschwankungen unterliegt, bereits seine Ehefrau bedroht hat und es sehr wahrscheinlich zu weiteren Straftaten kommen wird (Drohungen mit Samuraischwert), muss die Streife hinsichtlich des Entschließungsermessens von einer Ermessensreduzierung auf Null ausgehen.

Die Polizeibeamten mussten somit sofort einschreiten und ihn in Gewahrsam nehmen. Es liegen keine Ermessensfehler vor (siehe § 3 PolG).

Der Gewahrsam muss außerdem erforderlich sein, d.h. notwendig und zweckmäßig.

Notwendig war die Maßnahme, damit es nicht zu weiteren Straftaten kommt. Zweckmäßig war sie, weil dadurch tatsächlich die Begehung möglicher erheblicher Straftaten wirksam verhindert werden konnte.

3.4 Grundsatz der Verhältnismäßigkeit

Gemäß § 5 Abs. 1 PolG ist hier die Maßnahme geeignet, die objektiv tauglich ist, das polizeiliche Ziel zu erreichen. Weiterhin muss gemäß § 5 Abs. 1 PolG das mildeste Mittel angewandt werden.

Der Gewahrsam ist geeignet, da durch diesen erreicht wird, dass Stojeck keine weiteren Straftaten begeht.

Das mildeste Mittel war der Gewahrsam (siehe oben, auf andere Weise sind die drohenden Gefahren nicht zu verhindern).

Nach § 5 Abs. 2 PolG ist die VHM im engeren Sinne zu prüfen (Grundrechtseingriffe Stojeck versus Rechtsgüter des Einzelnen/der Allgemeinheit).

Durch die Ingewahrsamnahme wurde in die Freiheit der Person nicht außer Verhältnis eingegriffen, denn der Schutz der bedrohten Rechtsgüter („Leib und Leben anderer") war weitaus bedeutsamer.

Ergebnis:

Der Vorbeugungsgewahrsam war rechtmäßig.

Alternativer Lösungsvorschlag Aufgabe 2:

3. Materielle Rechtmäßigkeit des Verbringens vom Revier zum ZfP

3.1 Tatbestandsvoraussetzungen und Rechtsfolge

▶ **Schutzgewahrsam – § 28 Abs. 1 Nr. 2 lit. c PolG**

Hier könnte auch ein **Schutzgewahrsam** nach § 28 Abs. 1 Nr. 2 lit. c PolG vorliegen.

Schutzgewahrsam (zum eigenen Schutz einer Person wegen drohender Gefahr für Leib und Leben erforderlich *und* Dietmar Stojeck will Suizid begehen)

Def. Gewahrsam

Rechtsfolge Schutzgewahrsam

Adressat, VHM...

Es reicht in diesem Fall die Begründung des Vorbeugegewahrsams aber völlig aus.

Lösungsvorschlag Aufgabe 3:

5.1.2 Unmittelbarer Zwang

Androhung – § 52 Abs. 2 PolG
Die Androhung des SWG gegenüber Dietmar Stojeck erfolgte nach § 52 Abs. 2 PolG („Waffe weg oder ich schieße!").

Die Androhung ist nur zulässig, wenn auch die Voraussetzungen der Anwendung des SWG vorliegen. Daher erfolgt eine hypothetische Prüfung des UZW bzw. SWG.

Die Androhung des Schusswaffengebrauchs ist nach §§ 49 ff. PolG zu prüfen.

Nach § 49 Abs. 2 PolG wendet die Polizei, also auch der PVD, den unmittelbaren Zwang nach den Vorschriften des Polizeigesetzes an. Die Beamten sind Angehörige des PVD.

Begriff und Mittel
Nach § 50 Abs. 1 PolG ist unmittelbarer Zwang jede Einwirkung auf Personen ..., unter anderem durch Gebrauch von Waffen, die ausschließlich vom IM bestimmt werden (§ 50 Abs. 2 PolG).
Nach der VwV zu § 50 PolG sind Waffen im Sinne von § 50 Abs. 2 PolG auch Pistolen.

Im SV ergibt sich nichts anderes, als dass die Beamten des PVD über die Dienstpistole P 2000 verfügen.

Zuständigkeit
Gemäß § 51 PolG obliegt die Anwendung des UZW nur den Beamten des PVD.

Ich gehöre zum PVD, daher wäre ich zur Anwendung des UZW berechtigt gewesen.

Die VwV zu § 51 PolG besagt ferner, dass der Beamte, der UZW anwendet, in eigener Person für diesen verantwortlich ist. Der PVD ist für die Rechtmäßigkeit und die Anwendung des UZW verantwortlich.

Nach § 52 Abs. 1 Satz 1 PolG darf der UZW nur angewandt werden, wenn der polizeiliche Zweck auf andere Weise nicht erreichbar erscheint. Auf andere Weise, bedeutet jeder geringere Eingriff als mit der Waffe.

Andere alternative Mittel wurden zeitlich vor der Androhung des SWG angewandt (das Zureden als kommunikatives Mittel), was aber zu keinem Erfolg führte.

▶ Sachvorrang – § 52 Abs. 1 Satz 2 PolG

Nach § 52 Abs. 1 Satz 2 PolG darf der UZW gegen Personen nur angewandt werden, wenn der polizeiliche Zweck bei UZW gegen Sachen nicht erreichbar erscheint.

Im SV griff Dietmar Stojeck die Beamten mit einem Samuraischwert an, das er hinter einem Kissen bereithielt. Eine Abwehr, in der ihm das Schwert aus der Hand geschlagen wird, garantiert nicht das Erreichen des polizeilichen Zwecks, da es vom Zufall abhängig wäre, ob die Waffe tatsächlich getroffen wird. Die Polizei muss sich nicht um des milderen Mittels wegen auf einen „Kampf mit ungewissem Ausgang“ einlassen.

▶ Angemessenheit

Nach § 52 Abs. 1 PolG muss das angewandte Mittel nach Art und Maß dem Verhalten, dem Alter und dem Zustand des Betroffenen angemessen sein.

Das angewandte Mittel war die Androhung des Gebrauchs der Dienstwaffe. Das Maß in Form des potenziellen SWG war angemessen, da ein Messerangriff tödlich enden kann, je nachdem, wie gut D. Stojeck das Samuraischwert einsetzt und je nach Beschaffenheit der Waffe.

Stojeck zeigte sich unkooperativ gegenüber den Beamten. Das Alter des D. Stojeck liegt weder im Jugend-, noch im Greisenalter, was eine besondere Abwägung des SWG nach sich ziehen würde.

Der Zustand des Betroffenen war auffällig, da er alkoholisiert war, extrem aggressiv (konkrete Bedrohung der Beamten mit einem gefährlichen Gegenstand, der griffbereit und rasch verfügbar war) und zudem Anzeichen für psychische Krankheiten aufwies (Angst vor elektromagnetischen Wellen, gesamtes neurotisches Verhalten).

Androhung – § 52 Abs. 2 PolG
Soweit es die Umstände zulassen, ist UZW vor seiner Anwendung anzudrohen (§ 52 Abs. 2 PolG).
Durch die Androhung soll dem Betroffenen die Gelegenheit dazu gegeben werden, sein Handeln zu überdenken und die Weisung der Polizei freiwillig zu befolgen. Nach VwV zu § 52 PolG Abs. 2 darf der UZW nur angedroht werden, wenn er auch angewandt werden darf.

Ferner: § 52 Abs. 2 PolG i. V. m. VwV zu § 53 Abs. 1 Nr. 5 PolG.

Gemäß § 52 Abs. 2 PolG i. V. m. VwV zu § 53 Abs. 1 Nr. 5 PolG ist der SWG, soweit es die Umstände zulassen, vor seiner Anwendung anzudrohen. Mögliche Formulierungen sind hierbei der VwV zu entnehmen.

Im Sachverhalt wurde gemäß § 52 Abs. 2 PolG i. V. m. VwV zu § 53 Abs. 1 Nr. 5 PolG, analog zur VwV, der Schusswaffengebrauch durch Zuruf mit den Worten „Messer weg oder ich schieße!“ angedroht.

Somit wurde der Schusswaffengebrauch unmissverständlich angedroht. Die Anwendung war ebenfalls zulässig, da Lebensgefahr bestand.

Übermaßverbot – § 52 Abs. 3 PolG
Das Übermaßverbot besagt, dass die Anwendung von UZW zu beenden ist, sobald der polizeiliche Zweck erreicht ist.

Nachdem D. Stojeck der UZW angedroht wurde und er das Samuraischwert deshalb fallen ließ, bestand für die Beamten keine Lebensgefahr mehr. Danach wurde von der Anwendung der Waffe abgesehen.

Gemäß VwV zu § 52 Abs. 1 PolG ist eine Gefährdung Unbeteiligter nach Möglichkeit zu vermeiden. Die Beamten schossen nicht, so dass weder D. Stojeck noch andere Personen gefährdet wurden.

§ 53 Abs. 1 und 2 PolG wurden beachtet.

Schusswaffengebrauch gegen Personen – § 54 PolG
Hier könnte § 54 Abs. 1 Nr. 1 a PolG zur Anwendung kommen:
Der SWG ist gegen einzelne Personen zulässig, wenn das zur Abwehr einer unmittelbar bevorstehenden Ausführung einer rechtswidrigen Tat geboten ist, die sich den Umständen nach als Verbrechen darstellt. Dabei muss insbesondere auf die VHM geachtet werden (§ 5 PolG).

Im SV droht D. Stojeck, die Polizisten mit dem Schwert abzustechen. Deshalb kann von einem Angriff ausgegangen werden. Er geht einige Schritte auf die Beamten zu, weshalb mit einer konkreten schweren Gesundheitsgefahr oder Lebensgefahr für die Beamten gerechnet werden muss.

Eine schwere Körperverletzung, ein Totschlag oder gar Mord, auch im Versuch, stellen Verbrechen dar. Dieses stand unmittelbar bevor, denn D. Stojeck machte konkrete Anstalten zum sofortigen Angriff.

Somit lagen die Voraussetzungen für die Androhung gemäß dieser Fallgruppe Nr. 1, hier Buchstabe a), vor.

Ergebnis Aufgabe 3:

Die Androhung des Schusswaffengebrauchs war rechtmäßig

Fall 40
Übungsfall zum JuSchG

Sachverhalt:

Am 09.08.2018 sind Sie auf Streife im Stadtgebiet Horb. Von der Wache erhalten Sie gegen 20.00 Uhr über Funk den Auftrag, an das Martin-Gerbert-Gymnasium zu fahren. Der Hausmeister hatte telefonisch zwei Personen, vermutlich Jugendliche, gemeldet, die seiner Meinung nach keine Schüler des Gymnasiums sind. Des Weiteren machte er am Telefon Angaben darüber, dass die beiden Jugendlichen Bier und Schnaps mit sich führen würden.

Bei Ihrem Eintreffen stellen Sie zwei männliche Personen im Pausenhof sitzend fest, daneben stehen mehrere leere Flaschen Bier sowie eine halbvolle Wodkaflasche. Sie führen bei beiden eine Identitätsfeststellung durch. Bei den Personen handelt es sich um Silas Mann (geboren am 27.09.2002) und Finn Glaser (geboren am 05.06.2001). Während der Identitätsfeststellung zündet sich Finn Glaser eine Zigarette an, was Sie sofort unterbinden.

Silas Mann gibt Ihnen gegenüber glaubhaft an, nur eine Flasche Bier getrunken zu haben. Diese bekam er von Finn Glaser. Als Sie diesen zur Herkunft des Wodka sowie der Zigaretten befragen, teilt Ihnen dieser mit, sein 22-jähriger Bruder Stefan Glaser habe beides für ihn beschafft.

Aufgabe:
Erläutern und begründen Sie sachverhaltsbezogen das Verhalten des **Stefan Glaser** nach den jugendschutzrechtlichen Bestimmungen und nennen Sie mögliche vorliegende Verstöße.

Hinweis:
Auf den subjektiven Tatbestand ist nicht einzugehen.

Lösungsvorschlag:

Gemäß § 1 Abs. 1 Nr. 2 JuSchG sind Jugendliche Personen, die 14, aber noch nicht 18 Jahre alt sind.

Laut Sachverhalt handelt es sich bei Silas Mann und Finn Glaser um Jugendliche, da diese zum Zeitpunkt der Kontrolle 16 bzw. 17 Jahre alt sind.

Das JuSchG kann also grundsätzlich Anwendung finden.

Nach § 9 Abs. 1 Nr. 2 JuSchG darf in der Öffentlichkeit weder Branntwein an Jugendliche abgegeben noch ihnen der Verzehr gestattet werden.

Da die Jugendlichen sich an einer Schule aufhalten, befinden sie sich in der Öffentlichkeit. Laut Sachverhalt hat Silas Mann zwar keinen Wodka getrunken, sehr wohl aber Finn Glaser (die Flasche ist halbvoll). Wodka ist Branntwein i. S. v. § 9 Abs. 1 Nr. 2 JuSchG.

Nach § 10 JuSchG dürfen in der Öffentlichkeit Tabakwaren an Jugendliche weder abgegeben noch darf ihnen das Rauchen gestattet werden.

Die Jugendlichen befinden sich in der Öffentlichkeit (s. o.). Laut Sachverhalt zündet sich Finn Glaser während der Kontrolle eine Zigarette an. Zigaretten sind Tabakwaren i. S. v. § 10 JuSchG.

Wodka und Zigaretten wurden laut Sachverhalt vom 22-jährigen Stefan Glaser beschafft. Dieser handelt damit ordnungswidrig i. S. v. § 28 Abs. 4 i. V. m. Abs. 1 Nr. 10 JuSchG, weil er als Person über 18 Jahre ein Verhalten eines Jugendlichen herbeiführt oder fördert, das nach Abs. 1 Nr. 10 (Branntwein) verhindert werden soll. Er hat nämlich den Wodka für seinen Bruder besorgt.

Ebenso handelt er ordnungswidrig nach § 28 Abs. 4 i. V. m. Abs. 1 Nr. 12 JuSchG, da er als Person über 18 Jahre ein Verhalten eines Jugendlichen herbeiführt oder fördert, das nach Abs. 1 Nr. 12 (Tabakwaren) verhindert werden soll. *Er hat nämlich die Zigaretten für seinen Bruder besorgt.*

Ergebnis:

Stefan Glaser begeht demnach zwei Ordnungswidrigkeiten:

Abgabe von Branntwein an Minderjährige:
§ 28 Abs 4 i. V. m. Abs. 1 Nr. 10 JuSchG

Abgabe von Tabakwaren an Minderjährige:
§ 28 Abs. 4 i. V. m. Abs. 1 Nr. 12 JuSchG

Fall 41
Außerordentliche Unterbringung nach PsychKHG

Sachverhalt:

Am 17.10.2018 sind Sie und PHM Schnell in Nagold auf Streifenfahrt. Gegen 23.10 Uhr erhalten Sie von Ihrem Wachhabenden den Auftrag, in die Sonnenbühlstraße 55 zu fahren. Dort hat Frau Hammer unvermittelt und grundlos die Wohnungstür ihrer Nachbarin Frau Schreck eingetreten, sie zunächst verbal bedroht und anschließend tätlich angegriffen. Anschließend sei sie aus der Wohnung der Frau Schreck hinausgerannt, hätte dabei geschrien und sei dann in ihre Wohnung zurückgekehrt.

Vor Ort treffen Sie auf eine unter Schock stehende Frau Schreck. Diese gibt Ihnen gegenüber an, dass sie erst vor wenigen Wochen in das Mehrfamilienhaus eingezogen ist. Jedoch wäre sie bereits von Nachbarn über die psychischen Ausnahmezustände der Frau Hammer informiert worden. Während des Gesprächs kommt die Nachbarin Frau Unwohl dazu und teilt Ihnen mit, dass Frau Hammer depressiv sei und dies schon seit langer Zeit. Deswegen sei sie auch schon in ambulanter psychiatrischer Behandlung gewesen. Während Sie sich bei weiteren Nachbarn informieren, kommt Frau Hammer aus ihrer Wohnung auf Sie zugerannt und will Sie und PHM Schnell ebenfalls angreifen. Dies können Sie nur durch einfache körperliche Gewalt verhindern. Aufgrund der Geschehnisse entschließen Sie sich, einen Arzt hinzuzuziehen. Dieser erachtet eine Zwangseinweisung in eine psychiatrische Klinik für notwendig. Während der ärztlichen Untersuchung verhält sich Frau Hammer äußert renitent und versucht auch noch, den Arzt anzugreifen. Wegen der massiven Weigerung von Frau Hammer, sich in eine Fachklinik zu begeben, und der fortgesetzten Tätlichkeiten werden ihr Handfesseln angelegt.

Der Krankentransport ins ZfP Hirsau erfolgt durch das DRK, wird aber durch Sie begleitet.

Auch in der Klinik lässt sich Frau Hammer nicht beruhigen. Deshalb wird sie nach Abnehmen der Handschließen im Bett fixiert und gegen ihren Willen mit Medikamenten behandelt.

Aufgabe:
Erläutern und begründen Sie sachverhaltsbezogen die Unterbringung der Frau Hammer nach den Bestimmungen des Psychisch-Kranken-Hilfe-Gesetzes (PsychKHG).

Lösungsvorschlag:

Da es sich bei hier um eine außerordentliche Unterbringung handelt, kommen die Bestimmungen des Gesetzes über Hilfen und Schutzmaßnahmen bei psychischen Krankheiten (Psychisch-Kranken-Hilfe-Gesetz, kurz: PsychKHG) zur Anwendung.

Kranke Person – § 13 Abs. 1 PsychKHG
Die Person muss eine Person im Sinne des PsychKHG sein, also z. B. an einer seelischen oder geistigen Krankheit leiden.

Frau Hammer ist offensichtlich psychisch krank (Depressionen) und stellt somit eine in § 1 Nr. 1 PsychKHG genannte Person dar.

Die Unterbringung in einer anerkannter Einrichtung **gegen den Willen** der Person ist möglich, wenn die Person aufgrund einer psychischen Störung krank oder behindert und somit **unterbringungsbedürftig** ist.

Frau Hammer weigert sich vehement gegen die Unterbringung. Ihr müssen hierfür sogar Handfesseln angelegt werden. Sie wird also gegen ihren Willen dort hingebracht.

Eigen- oder Fremdgefährdung – § 13 Abs. 3 PsychKHG
Es muss eine Unterbringungsbedürftigkeit vorliegen, die sich aus der Krankheit selbst ergibt (Eigen- oder Fremdgefährdung muss vorliegen).

Frau Hammer ist unterbringungsbedürftig. Zunächst hatte sie die Tür von Frau Schreck eingetreten und hat sie bedroht. Im weiteren Verlauf griff sie dann mich und meinen Kollegen und auch später noch den behandelnden Arzt tätlich an.

Aus dem Sachverhalt geht somit deutlich eine Fremdgefährdung hervor.

Anerkannte Fachklinik – § 14 Abs. 1 PsychKHG
Frau Hammer muss in eine nach § 14 Abs. 1 PsychKHG anerkannte Einrichtung gebracht werden.

Bei dem ZfP Hirsau handelt es sich um eine anerkannte Fachklinik.

Dringende Gründe und sofortige Unterbringung – § 16 Abs. 1 und 2 PsychKHG
Danach ist eine Aufnahme psychisch Kranker in eine psychiatrische Einrichtung nur möglich, wenn **dringende Gründe** für die Annahme vorliegen und eine **sofortige Unterbringung erforderlich** erscheint und die Vorrauset-

zungen für eine Unterbringung vorliegen. Dies liegt insbesondere vor, wenn bis zu einer Entscheidung des Gerichtes nicht abgewartet werden kann. Eine anerkannte Einrichtung kann eine Person aufnehmen oder zurückhalten, bevor die Unterbringung beantragt oder angeordnet ist.

Laut Sachverhalt ist Frau Hammer sehr aggressiv. Sie hat die Tür der Nachbarswohnung eingetreten, bedrohte die Nachbarin anschließend und griff sie auch tätlich an. Auch gegenüber uns und dem Arzt setzt sie ihre Tätlichkeiten fort, so dass sie sogar gefesselt werden muss.

Es liegt also eine erhebliche Fremdgefährdung vor. Durch das geschilderte renitente und fortgesetzt gewalttätige Verhalten der Frau können die „dringenden Gründe“ und die „Unterbringungsbedürftigkeit“ als gegeben angesehen werden, zumal sie bereits früher in psychiatrischer Behandlung war.

Auf eine gerichtliche Entscheidung kann nicht gewartet werden.

Nach § 16 Abs. 2 PsychKHG müssen dringende Gründe für die Annahme einer Krankheit und der Unterbringungsbedürftigkeit bestehen. Diese müssen **vor** der Aufnahme in der anerkannten Einrichtung durch einen Arzt festgestellt werden.

Durch den Arzt vor Ort wurde die Unterbringungsbedürftigkeit im vorliegenden Falle von uns auch eingeholt. Dieser ist nicht Angehöriger des ZfP Hirsau.

▶ **Unterrichtungspflicht – § 74 Abs. 2 PolG**
Danach ist die zuständige Polizeibehörde über die Unterbringung von Frau Hammer zu unterrichten.

Ergebnis:

Die Unterbringung von Frau Hammer war rechtmäßig.

Merke:
Psychisch auffällige Personen im Sinne von § 1 Nr. 1 PsychKHG sind:
- Menschen mit geistiger oder seelischer Krankheit/Behinderung,
- Menschen mit einer Störung von erheblichem Ausmaß oder Personen, die psychisch oder physisch abhängig von Medikamenten/Rauschmitteln sind.

Es gilt, zwischen einer ordentlichen und einer außerordentlichen Unterbringung zu unterscheiden:
- Bei der ordentlichen Unterbringung beantragt die untere Verwaltungsbehörde beim zuständigen Betreuungsgericht (für erwachsene Personen) bzw. Familien-

gericht (für jugendliche Personen) unter Beifügung eines ärztlichen Zeugnisses des Gesundheitsamtes die Unterbringung einer Person.
- Bei der außerordentlichen Unterbringung handelt es sich fast ausschließlich um Fälle, in denen ad hoc (aktuell, aus einer bestimmten Situation heraus) eine Unterbringung aufgrund Eigen- oder Fremdgefährdung notwendig wird.

Der Streifendienst wird fast ausschließlich in Fällen der außerordentlichen Unterbringung tätig.
Grundsätzlich ist immer die Unterbringungsbedürftigkeit durch einen Arzt festzustellen, der nicht der anerkannten Einrichtung angehört.
Im bisherigen Unterbringungsgesetz (UBG) war dies explizit so benannt.
Im PsychKHG, in Kraft seit 01.01.2015, wird dies zwar nicht genau so aufgeführt, jedoch lässt die Formulierung aus § 16 Abs. 2 PsychKHG:
„Die dringenden Gründe für die Annahme einer Krankheit und der Unterbringungsbedürftigkeit müssen **vor der Aufnahme** in der anerkannten Einrichtung durch ein ärztliches Zeugnis belegt werden…“ darauf schließen, dass auch weiterhin ein Arzt, der nicht Arzt der anerkannten Einrichtung ist (also ein außerhalb der psychiatrischen Einrichtung praktizierender Arzt), hierfür feststellen muss.
Nur im Ausnahmefall darf auf dieses ärztliche Zeugnis verzichtet werden. Hierzu müssen besondere Gründe der Einholung eines ärztlichen Zeugnisses entgegenstehen.

Hinweis:
Wird eine Person, wie oben im Sachverhalt beschrieben, festgehalten und zur anerkannten Einrichtung verbracht, dann ergibt sich die Rechtsgrundlage hierfür **nicht** aus dem PsychKHG.

Da nach § 15 Abs. 1 PsychKHG die Zuständigkeit für die Unterbringungsanordnung ausschließlich der unteren Verwaltungsbehörde erlaubt ist, kommt ein Tätigwerden nach § 60 Abs. 2 PolG nicht in Frage.

Das Festhalten und Verbringen ist jedoch über § 28 PolG rechtlich zulässig, da es eine dem PsychKHG vorausgehende Maßnahme darstellt. Somit kann gemäß § 60 Abs. 3 PolG der PVD im Rahmen seiner Parallelzuständigkeiten bei Maßnahmen nach § 28 PolG tätig werden und, je nach Fallkonstellation, einen Schutz-, Beseitigungs- oder Vorbeugungsgewahrsam anordnen.

Nach einer Entscheidung des BVerfG endet der polizeiliche Gewahrsam bei der Übergabe des Betroffenen an die anerkannte Einrichtung.

Grundsätzlich unterliegt der Gewahrsam gemäß Art. 104 Abs. 2 GG dem Richtervorbehalt. Gemäß § 28 Abs. 3 Satz 3 PolG ist unverzüglich eine richterliche Entscheidung über die Zulässigkeit und die Dauer eines Gewahrsams herbeizuführen.

Gemäß § 28 Abs. 3 Satz 4 PolG bedarf es einer Herbeiführung einer richterlichen Entscheidung nicht, wenn anzunehmen ist, dass die Entscheidung erst nach Wegfall des Grundes des Gewahrsams ergehen würde.

Gemäß VwV zu § 28 Abs. 3 und 4 Nr. 1 PolG kann der Gewahrsam zunächst ohne richterliche Entscheidung angeordnet werden. Eine richterliche Entscheidung ist jedoch unverzüglich, also ohne schuldhafte Verzögerung, einzuholen.

Bei den meisten Fällen der außerordentlichen Unterbringung des PVD dürfte es sich um Fälle handeln, in denen *nicht bis zum Ergehen einer richterlichen Entscheidung zugewartet werden kann, ohne dass die erheblichen Gefahren weiter bestehen.*

Da die Unterbringungseinrichtung meist recht zügig erreicht werden kann und somit die Entscheidung durch einen Richter erst ergehen würde, wenn der Grund der Maßnahme bereits weggefallen ist, entfällt oftmals in diesen Fällen die richterliche Entscheidung.

Nach der Einlieferung in eine anerkannte Einrichtung ist der Betroffene unverzüglich nochmals durch einen Arzt der Einrichtung zu untersuchen. Bestätigt diese Untersuchung die Annahme der Voraussetzungen für eine Unterbringung nicht, so ist der Betroffene gemäß § 16 Abs. 3 PsychKHG sofort zu entlassen.

Ist der Betroffene aufgrund des Untersuchungsergebnisses unterbringungsbedürftig, stellt die anerkannte Einrichtung beim zuständigen Betreuungsgericht den Antrag auf Unterbringung.

Ohne ein gerichtliches Verfahren ist die fürsorgliche Aufnahme durch die anerkannte Einrichtung nur bis zu drei Tagen möglich.